Endl**ich**

Sebastian Wolfrum

Endlich

Ein transsexueller Pfarrer auf dem Weg zu sich selbst

Aufgezeichnet von
Daniel Staffen-Quandt

 claudius

Gewidmet den Vielen und den Vielfältigen.
Eine Ermutigung für alle.
Seid Ihr selbst!

Copyright © Claudius Verlag, München 2019
www.claudius.de

Alle Rechte vorbehalten. Das Werk darf – auch teilweise –
nur mit Genehmigung des Verlages wiedergegeben werden.
Umschlaggestaltung: Weiss Werkstatt, München
Layout: Mario Moths
Gesetzt aus der Palatino und Univers
Druck: cpi – Clausen & Bosse, Leck

ISBN 978-3-532-62833-1

INHALT

6 Ein Wort zuvor
12 Prolog aus dem Sturm
19 Das Mädchen mit den Bauklötzen
26 Die ersten Wochen danach

36 Sturm, Drang, Radikalisierung
43 Auszeit zum Jahreswechsel
52 Die ersten Fluchten
59 Leben übergeben und empfangen

69 Den Schmerz verstehen
80 Mann sein, Mann werden
90 Es gibt kein richtiges Leben im Falschen
99 Sebastian Finn Lorenz, männlich

108 Ein letzter tiefer Fall
120 Macht Gott Fehler?
125 Zuhause ankommen
137 Lorenz aus der Asche

153 Epilog
158 Weiterführende Quellen

Ein Wort zuvor

Es ist mein Handwerk, auf das Leben von Menschen zurück zu schauen. Erzählen, deuten und manchmal auch einen Sinn finden, wo Angehörige rätseln. Oft stand ich in meinem Leben als Pfarrer auf dem Friedhof und habe mich gefragt, was wird man mal von mir erzählen? Und wie?

Nun wurde ich eingeladen, meine Geschichte zu erzählen. Es ist die Geschichte einer vierzig Jahre währenden Häutung, bis ich endlich der sein konnte, der ich schon immer war. Sebastian. Ein Mann.

Ich habe mir immer gewünscht, meine Geschichte einmal ganz erzählen zu können, in der Hoffnung, verstanden zu werden, aber auch zu verstehen, einen Sinn in all dem zu erkennen. Bei all den Häutungen suchte ich immer wieder die Spur Gottes. Manchmal hat er deutlich geschrieben, oft genug zwischen den Zeilen und in den seltensten Fällen waren die Linien gerade. Vom Segen und der Bewahrung will ich erzählen, in all den Brüchen, die mein Leben bereithielt.

In Daniel Staffen-Quandt habe ich einen sensiblen und aufmerksamen Zuhörer gefunden. Er hat es verstanden, Ordnung in ein kompliziertes Leben zu bringen. Ohne ihn wäre dieses Buch nicht geworden, was es ist.

Wir erzählen zwei Geschichten. Es ist einerseits die Geschichte einer öffentlichen letzten Häutung. Von dem Tag an, an dem ich meiner Gemeinde nach dem Sonntagsgottesdienst offenlegte, Mann zu sein und das nun auch endlich leben zu wollen, und von dem, was in den Monaten danach geschah. Und es ist zweitens die Geschichte von einem vierzig Jahre währenden Durchbeißen. Die ständig sich wiederholende Suche nach dem richtigen Leben. Oft genug ist es auch eine Geschichte vom Scheitern. In diesem Teil steht ein Name, den es so nicht mehr gibt. Ich habe mich schmerzhaft dazu durchgerungen, ihn stehen zu lassen, wissend, dass das falsch ist, ich war das nie wirklich. Aber er gehört zu der Hülle, unter der ich lange gelebt habe, in der ich nie ganz zuhause war und die ich endlich ablegen konnte.

Zwischen diesen beiden Geschichten finden sich immer wieder lyrische Texte. Meine Texte. Manche sind viele Jahre alt, andere erst in den letzten Monaten entstanden. Sie sind der Versuch, Worte für das zu finden, was mich im Innersten umgetrieben hat. Manchmal als konzentrierte Brühwürfel, ein anderes Mal als ein warmer Fluss, in den ich eintauchen konnte.

Ich will und muss es am Anfang in aller Deutlichkeit schreiben: Vieles, was in den geschichtlichen Passagen zu lesen ist, hat Trigger-Potential. Wenn Sie, liebe Leser*innen um ihre offenen Wunden wissen, so seien Sie vorsichtig. Ich habe mich entschieden, die Geschichte offen und ehrlich zu erzählen, ahnend, dass andere sich darin mit ihren eigenen Themen wiederfinden könnten.

Dem Claudius-Verlag und der Lektorin Laura Pöhler habe ich für das Vertrauen und die offene und herzerfrischende Zusammenarbeit zu danken.

Und dann sind da noch Birgit Mattausch und Johanna Klee, Freundinnen und Gefährtinnen auf dem Weg, die immer wieder auf mich aufgepasst haben. Sie standen mir mit fachkundigem Rat beim Schreiben und Komponieren zur Seite und haben großen Anteil am Werden dieses Buches.

Seit ich mich vor fast zwei Jahren endlich auf den Weg gemacht hatte, hat mich ein Vers aus der Berufung des Propheten Jeremia nicht mehr losgelassen:

> Gott spricht: Ich kannte dich, ehe ich dich
> im Mutterleib gemacht habe
>
> *(Jeremia 1,5)*

Ohne diesen Gott, ohne den Glauben an seine bedingungslose Treue zu mir, hätte ich keine einzige Häutung geschafft. *Soli deo gloria*!

Veitshöchheim im März 2019
Sebastian Finn Wolfrum

Raupendaseinauszug

Am Montag des Lebens
fraß sie sich durch die
Krankenhausroutine durch
testen
bestimmen
benamen

Am Dienstag
schmeckte sie kurz
die süße verlockende Frucht
bevor ihr die
genommen wurde
Verbotene Frucht!

Am Mittwoch
nahm sie das was
andere für gut und richtig und passend und
angemessen hielten
voll falschen Geschmacks
bitterhart
seelenvergiftend

Am Donnerstag
weigerte sie sich von dem zu nehmen
was man für ihre Art als richtig erachtete
und lernte
Einsamkeit
Verlorensein

Am Freitag
probierte sie die verwandte Frucht
hoffend dass sie nun endlich satt werde
und schmeckte
und schmeckte bitter
leer falsch

Am Samstag
griff sie zu neuem vom Anfang vertrauten
verschlang schmeckte und fühlte
die alte Sehnsucht
und den Schmerz
und die Fülle des Lebens

Da entschied die Raupe das Raupendasein zu lassen
sich nicht mehr falscher Gestalt anzupassen
Form und Hülle abzulegen
sich Raum im Seelenkokon zu geben
und knüpfte ihn zu
mit gekappten Leinen

looking for sunday!

12.07.17

Prolog aus dem Sturm

Jetzt. Es gibt kein Zurück. Den Talar habe ich abgelegt, das Schlusslied ist gleich vorbei. Durchatmen. Ich lehne an der Kirchenbank, vermeintlich lässig, Blick zum Altar. Wenn die wüssten, wie es in mir aussieht. Der letzte Ton erklingt. Nun ist es soweit. Ich richte mich auf, gehe ein paar Schritte. Keine fünf Meter sind es zu der Stelle, zu der ich hin will. Dort habe ich gestern Abend noch geübt, was ich jetzt sagen will. Üben – das habe ich seit Jahren nicht mehr gemacht. Besondere Umstände erfordern besondere Maßnahmen. Jetzt stehe ich da, öffne meinen Mund, fange an zu sprechen – und alle hören nur das Luther-Lied „Eine feste Burg ist unser Gott". Der Organist hat mit dem Auszugslied begonnen. Das war anders abgesprochen. Doch keiner rührt sich. Alle warten, denn alle wissen, dass ich etwas sagen will.

Ich gehe zurück zur Bank und lehne mich wieder dagegen. Draußen stürmt es, man hört den Wind jaulen, die Kirchentüren klappern trotz ihres Gewichts. Plötzlich reißt der Himmel auf, grelles Sonnenlicht strömt in die Kirche – und fällt genau auf mich. Zu viel Drama. Viel zu viel Drama für mich. Wo ist das Loch, in dem ich mich verstecken kann? Der Puls schlägt unerbittlich, viel zu schnell. Sekunden vergehen wie Stunden, die Welt um mich herum bewegt sich wie in Zeitlupe. Ich höre jeden einzelnen Ton. Der Organist nimmt sich Zeit. Normalerweise genieße ich das. Heute ist es eine Qual. Ich schaue mir selber zu, alles ist so unwirklich. Die ganze Nacht habe ich kaum ein Auge zugetan. Wegen des Sturms. Aber vor allem wegen meines Vorhabens.

Als ich an diesem Morgen meinen Talar angezogen habe, war meine Anspannung wie weggefegt. Ich habe den Auftrag gespürt, den Segen Gottes. Seine Liebe. Ich habe das Ankommen gespürt. Tief in mir. Wir haben Abendmahl gefeiert, ich habe über die Sintflut gepredigt. Und über Gott, der sich ins Wort fällt. Der nicht mehr verdammen will. Niemanden. Nie wieder. Wie passend, denke ich, während ich predige. Es ist beides nebeneinander da. Die Gewissheit, richtig zu sein, im Leben und im Beruf. Und gleichzeitig seit Stunden diese Anspannung in den Gliedern. Geht alles gut? Ein Zurück konnte ich mir nicht vorstellen.

Ich hab mich vorbereitet, ein Netzwerk von Unterstützer*innen aufgebaut, manches geplant, ja, aber vieles habe ich an diesem Tag nicht in der Hand. Am allerwenigsten die Reaktionen meiner Gemeinde. Am Morgen verabrede ich mich zum Chatten mit einer Freundin. Sie betet mit mir, ohne geht es nicht. Ich brauche den Zuspruch und die Begleitung anderer. Manchmal fehlen mir die Worte, ein andermal sind sie zu groß, als dass ich sie selbst auszusprechen wage. Segen für mich erbitten und Geleit. Auch ein Seelsorger braucht Seelsorge. Gerade in solch stürmischen Zeiten kann und will ich nicht ohne Begleitung und Segen in einen Gottesdienst gehen.

Es ist Sonntag, der 29. Oktober 2017. Zwanzig Wochen nach einem für mich denkwürdigen Gottesdienst in der Nürnberger Lorenzkirche. Zwei Tage vor dem Reformationstag, 500 Jahre legendärer Thesenanschlag. 2017 stehe ich plötzlich hier und kann nicht anders. Meine Freund*innen sind gekommen. Unterstützer, Wegbegleiterinnen, mein Halt, nicht nur an diesem Tag. Ich reiße mich zum zweiten Mal von der Bank los, jetzt geht alles ganz schnell. Ich höre meine Worte selbst: „Ich habe im Sommer eine große Lebensentscheidung getroffen … seit Kindertagen weiß ich, dass ich im falschen Körper lebe. … Ich habe beschlossen, mich aufzumachen, … ich kann nicht mehr anders."

So oft hab ich mir das in den letzten Wochen vorgesprochen. Aber von Routine bin ich in diesem Moment, hier in der Kirche vor meiner Gemeinde, ganz weit entfernt. Sage ich das jetzt gerade wirklich? Das alles dauert keine zwei Minuten. Schließlich gehe ich auf eine Freundin in der Mitte der Kirche zu. Sie hat mir einen Platz neben sich freigehalten. Jetzt nimmt sie mich in den Arm, hält mich fest. Ich schaue nur kurz in die Gemeinde. Ein paar überraschte Gesichter kann ich erkennen, andere blicken entspannt. Ein schmerzverzerrter Ausdruck ist auch dabei. Dann brandet Applaus auf. Ich atme zum ersten Mal an diesem Morgen ganz tief durch. Jetzt ist es raus. Ich bin Sebastian.

Transident, damit können nur die Wenigsten auf Anhieb etwas anfangen. Im Gehirn denke und fühle ich männlich, mein äußerer Körper entspricht dem einer Frau. Transidente Menschen erleben dieses Auseinanderklaffen von Denken und Körper schon sehr früh in ihrem Leben. Kindern sage ich in den Wochen danach oft: Stell dir vor, du musst dein ganzes Leben in einem Faschingskostüm herum laufen und darfst es nicht ausziehen. Eigentlich bist du jemand anderes, aber kannst es nicht leben. Seit ich über mich nachdenke, fühle ich mich nicht als richtiges Mädchen oder als Frau – was auch immer das sein mag. Ich fühle mich im falschen Körper. Ich trage meine Haare kurz, ich kann Kleider und Röcke nicht leiden, meine Schuhe finde ich am liebsten in der Männerabteilung. Ich rede wie ein

Mann, ich benehme mich wie ein Mann, ich denke wie ein Mann, ich trete auf wie ein Mann. Damit bin ich zeitlebens überall angeeckt. Denn nach außen hin war ich eine Frau. Frau Pfarrerin. Irgendwann war ich als homosexuell geoutet. Ja, es stimmt: Ich liebe Frauen. Aber ich bin keine. War ich noch nie. Werde nie eine sein. Und nun will ich endlich als Mann leben. Ein ganzes Leben, 46 Jahre, läuft in Zeitraffer in meinem Kopf ab, als ich inmitten meiner Gemeinde Platz nehme.

Nachdem der Organist zum zweiten Mal ein Schlussstück gespielt hat, stehe ich auf und gehe an die Tür, um mich von den Menschen der Gottesdienstgemeinde zu verabschieden. Wie jeden Sonntag. Jetzt erst wird mir klar, was für eine ungeheure Menge an Adrenalin in den vergangenen Minuten durch meinen Körper geschossen sein muss. Ich schüttle viele Hände. Wieder fühlt es sich an, als wäre ich in einem Film. Die Menschen sind freundlich, sie sprechen mir Mut zu, danken für die Ehrlichkeit, zollen mir Respekt für den Schritt, umarmen mich, sagen, dass sie zu mir stehen werden als Gemeindepfarrer. Die Konfirmand*innen haben das „Tschüss, Herr Wolfrum!" offenbar schon ein bisschen geübt. Da steht plötzlich das schmerzverzerrte Gesicht von vorhin vor mir. Der Mann lächelt jetzt. Es tue ihm so leid, sagt er, weil ich so viel Schmerz erleben musste, bis ich endlich zu mir gefunden habe. Da läuft es mir kalt den Rücken runter. Und gleichzeitig fallen tonnenschwere Lasten von meinen Schultern ab. Endlich frei.

Der restliche Tag ist fast bis auf die Minute genau durchgetaktet. Nach dem Gottesdienst schicke ich eine E-Mail ans Pfarrkapitel. Schon vor dem Gottesdienst haben Bekannte, Freundinnen und ehemalige Kollegen in Oberfranken Post von mir bekommen. Die Nachbarschaft fand einen Brief im Briefkasten. Ein Kaffee, etwas Schokolade, dann steht das Fernsehen vor der Tür. Ein Radioreporter ist auch mit dabei. Schon Tage zuvor hatte ich mich mit einem Journalisten getroffen, der meine Geschichte aufgeschrieben und zeitgleich mit dem Ende des Gottesdienstes auch veröffentlicht hat. In der Folge brummt mein Mobiltelefon den ganzen Tag. Darauf war ich zwar vorbereitet, aber die Wirklichkeit fühlt sich trotzdem ganz anders an. Selbst die große Boulevardzeitung ruft an. Deren Internetredaktion hat schnell einen Text dazu veröffentlicht und seit 13 Uhr 30 gehört mir auch die Headline auf der Internetseite der Lokalzeitung.

Draußen wird es irgendwann dunkel, der Wind pfeift noch immer ums Haus. Ich bin hungrig, aber zum Kochen fehlt mir die Ruhe. Normalerweise koche ich gerne, aber heute gehe ich in die Pizzeria am Ort. Ich bin auf alles gefasst nach diesem Tag mit dem Outing in der Kirche, den etlichen Anrufen und Reporter-Fragen, den vielen Mails von Kolleginnen und Freunden. Keine Kritik, keine Aggressivität, alle reagieren wohlwollend, einige mit viel Verständnis und Einfühlungsvermögen. Andere auch lapidar – etwa mit: „Ich hab's schon immer geahnt!" Im Restaurant bin ich nicht die erwartete grüne Giraffe, keiner schaut mich anders an als sonst. Die meisten haben wohl weder Radio gehört noch im Internet schon mal die Zeitung von morgen gelesen. Ich aber fühle mich heute Abend unendlich frei.

Immer war ich anders. Die Frau, die zu männlich ist. Die Frau, die Frauen liebt. Seit meinen Kindertagen geht das so. Wegen dieses Andersseins habe ich viel Ablehnung und Unverständnis erlebt. In der Familie, von Gleichaltrigen in der Schule, im Studium, von Kollegen. An diesem 29. Oktober 2017 habe ich dieses Anderssein abgelegt. Ich habe mich aus falschen Hüllen gehäutet, meine Identität als Frau abgelegt. Öffentlich, laut und klar ausgesprochen. Worte sind zu klein, um zu beschreiben, was in mir los ist. Zuhause lese ich noch viele Mails, ich richte ein neues Profil in den sozialen Netzwerken ein. Sebastian, nicht Silke.

Inzwischen ist es Montag. Irgendwann weit nach Mitternacht wird klar: Mir gehört morgen die Titelseite der Regionalzeitung, vierspaltig. Guten Morgen, Welt, hier ist dein Pfarrer. Mein neues Leben hat gerade begonnen.

Das Mädchen mit den Bauklötzen

Silke ist das zweite Kind der Familie, als sie am 3. Oktober 1971 zur Welt kommt. Ihr Bruder ist rund acht Jahre älter. Der Vater stirbt völlig unerwartet etwa ein halbes Jahr, bevor sie in die Grundschule kommt. Bauchspeicheldrüsenkrebs. Zwei Wochen vor der Bürgermeisterwahl. Seine Plakate tragen nun einen schwarzen Balken. Über Probleme oder Sorgen wird in der Familie nicht gesprochen. Eine richtig intensive Beziehung hat Silke nur zum Vater des toten Vaters. Mit ihrem Opa verbringt sie als kleines Mädchen Stunde um Stunde in der Werkstatt – doch geredet wird auch dort nicht. Die Einsamkeit ist ihr ständiger Begleiter. Sie lernt, sich damit zu arrangieren. Sie lernt das Verdrängen, das Sich-Verstecken, das Außen-vor-Bleiben.

Einmal dürfen die Mädchen für eine Woche ihre jeweilige Lieblingspuppe mit in den Kindergarten bringen, die Jungs ihre Lieblings-Kuscheltiere. Für Silke ist diese Woche furchtbar. Ihr bester Sandkasten-Freund hat seinen heißgeliebten Plüschhund dabei, Silke gar nichts. Sie besitzt nicht mal eine Puppe. Sie kann damit nichts anfangen, es interessiert sie nicht. Wenn die kleine Silke mal mit in einen Spielzeugladen darf, huscht sie schnell zu den Stofftieren oder den Legosteinen. Doch weil sie nicht die einzige sein will, die keine Puppe mitbringen kann, geht sie mit ihrer Mutter schließlich eine kaufen. Eine Jungen-Puppe, das ist ihr wichtig. Doch sie spielt kaum damit, die Puppe wird zum Alibi, wie später so vieles.

Silkes Mutter ist es glücklicherweise egal, mit was sie spielen will. Zum einen bedient sie sich im ausgemusterten Fundus des großen Bruders. Zum anderen sind die 1970er-Jahre noch nicht die Zeit des durchgegenderten Spielzeugs. Ihre Eltern – vor allem die Mutter – sind geprägt vom Geist der 68er-Bewegung. In ihrem Elternhaus herrscht eine gewisse Liberalität, vielleicht auch Laissez-faire. Silke kommt das zupass. Auch die Kleidung der Zeit ist nicht mädchenrosa oder bubenblau. Gegen Kleidchen und Röcke wehrt sie sich zumeist standhaft. Nur auf der Hochzeit ihres Lieblingsonkels, der ihr einen großen Stoffhund geschenkt hatte, den Sebastian bis heute hat, muss sie ein Kleid tragen. Und auf der Beerdigung des Vaters. Einer von vielen Gründen, weshalb Silke sich dort vollkommen deplatziert fühlt. Aber mit sechs Jahren macht man in dieser Situation kein Theater.

Weder ihr noch ihrem Umfeld fällt aber damals etwas auf. Es sind viele Kleinigkeiten, die einen in der Summe vielleicht hätten hellhörig werden lassen können. Oder eben auch nicht. Mädchenkram interessiert Silke damals jedenfalls nicht. Basteln, Puppenspielen, Verkleiden, Frisieren ist ihr einerlei, der von den Jungen getrennte Handarbeitsunterricht eine Qual. Manche ihrer Klassenkameradinnen treffen sich nachmittags, um an ihren Werkstücken weiterzuhäkeln. Sie zieht sich ihre Hose mit den Flicken an den Knien an und fährt mit den Jungs Rad, stromert durch den Wald, spielt Räuber und Gendarm – oder werkelt eben mit dem Opa in der Werkstatt mit Holz, Metall und Elektrozeug. Die Haare gehen höchstens bis zur Schulter und sind Silke selbst dann noch zu lang. Die Mutter schüttelt über so etwas zwar den Kopf, mehr aber auch nicht.

Ab und zu aber kommt es dann doch zum Krach. „Sei doch nicht immer so jungenhaft", sagt die Mutter dann – oder: „Musst Du immer wie ein Junge auftreten?" Irgendwann erzählt ihr die Mutter, dass sie in der Schwangerschaft fest davon ausgegangen sei, einen zweiten Jungen zu bekommen. Den Jungennamen hatten die Eltern zuerst ausgesucht, Axel sollte sie heißen. *Silke* hatten die Eltern nur für den unwahrscheinlichen Fall der Fälle rausgesucht. Eine quasi unfehlbare

Geschlechtsbestimmung per Ultraschall wie heute gab es Anfang der 1970er-Jahre noch nicht. Silke denkt: Schade, dass ich kein Junge geworden bin! Das wäre so schön gewesen.

Die Grundschulzeit erlebt Silke sehr zwiespältig. Für sie ist es ganz normal, so zu sein, wie sie ist. Aber in vielen Situationen lassen die anderen Kinder sie schon merken, dass sie nicht richtig dazu passt. Sie erfährt auch Ablehnung in der Schule, sie wird auf dem Schulweg von anderen bedrängt, reden kann sie darüber mit niemandem. „Ich habe mich relativ früh damit abgefunden und daran gewöhnt, ein Einzelgänger zu sein", sagt Sebastian heute. Wenn die halbe Klasse auf einem Kindergeburtstag eingeladen ist, fährt Silke alleine Fahrrad. Als sie zu den Pfadfindern will, wird ihr gesagt, dass nur Jungs mitmachen dürfen. Die Jungs schicken Silke zwar nicht direkt weg, sie ist sogar oft mit dabei – aber nur, wenn sie selbst die Initiative ergreift. Fast keiner holt sie dazu. Nur der Sandkastenfreund hält zu ihr und manchen Nachmittag verbringen sie zusammen im Wald, oder sie entwerfen ganze Legowelten. In der Klasse sitzen alle in einem großen U. Links von ihr sitzen die Mädchen, rechts von ihr sind die Jungs. Silke hat den Platz genau in der Mitte.

Noch viel schlimmer wird es, als Silke auf das Gymnasium wechselt. Sie und vier andere aus ihrer Klasse dürfen dorthin. Doch ihr Freund aus Sandkastenzeiten sitzt jetzt lieber neben einem Jungen. Die erste Zeit der Pubertät erlebt Silke wie im falschen Film. Mit dem Mädchen-Gekicher kommt sie überhaupt nicht klar, die Jungs aber grenzen sich klar von ihr ab. Doch deren Imponiergehabe imponiert Silke nicht, sie will viel lieber mitmachen. Wenn die Jungs auf dem Gang vor dem Klassenzimmer zum Spaß raufen, will sie mitraufen – und wird weggeschickt. Das ist für sie ein Affront. Silke wird wütend, aggressiv, sucht den Streit mit den Jungs, bis zur gewaltsamen Auseinandersetzung.

Zu Hause findet Silke auch in dieser Zeit wenig Halt. Die Mutter ist Witwe, die Familie nach dem Tod des Vaters in Sebastians Augen nahezu zerbrochen. Der große Bruder, schon im Studium, macht längst sein Ding. Gespräche über persönliche Dinge gibt es selten, schon gar nicht über Gefühle oder Probleme. Noch vor der Grundschule scheitert der letzte Versuch Silkes, sich ihrer Familie anzuvertrauen: Als Kindergartenkind glaubt sie, dass unter ihrem Bett ein Wolfsrudel wohnt, das sie beschützt. Damit sich die Wölfe nicht bedroht fühlen, darf sie aber nicht bis zur Kante des Bettes laufen, sondern muss einen Meter davor abspringen. Als sie das ihrer Oma, der Mutter ihrer Mutter, erzählt, kniet sich diese mit ihr vor das Bett, um ihr zu erklären, dass da gar keine Wölfe sind. Ab diesem Zeitpunkt beschließt Silke, nichts mehr über sich zu erzählen. „Ich werde bis heute wütend, wenn man mich nicht ernst nimmt."

Silke zieht sich in ihre Fantasiewelt zurück. Sie liest viel, Karl May, Bücher über Dinosaurier, Wölfe und Hunde, die Jungen-Reihe *Burg Schreckenstein. Hanni und Nanni* hingegen findet sie doof. Sie taucht ein in die Welt des Jungeninternats, sie will mittendrin sein und ist zu dieser Zeit doch so weit weg davon. Sie macht mehr Sport – Leichtathletik, die Kraftdisziplinen Werfen, Kugelstoßen, Speerwurf. Später spielt sie auch Handball. Und erfährt wieder, dass sie nicht so ganz dazu passt. Auf dem Spielfeld ist alles bestens, aber außerhalb des Trainings und der Spiele ist sie nie Teil der Mannschaft. Es gab einfach keine Gemeinsamkeiten mit den Mädchen in ihrem Alter. Und auch mit den Jungs wird es immer schwieriger. Während sich alle in ihrem Alter zunehmend von den Erwachsenen abgrenzen, sucht Silke deren Nähe – zu ihren Lehrern, Trainern, Betreuern.

Es häuft sich die Erfahrung: Verdammt, ich passe nicht dazu. Auf den ersten längeren Ausflügen in der Unterstufe des Gymnasiums wird ihr das erneut schmerzlich bewusst – immer dann, wenn sie als Mädchen von älteren Damen aus den öffentlichen Frauen-Toiletten geworfen wird. Der Ausspruch „Die Jungs sind gegenüber" begleitet sie fortan, manchmal geht sie nur noch in Begleitung von Klassenkameradinnen aufs Klo, manchmal macht sie sich mit anderen einen Spaß daraus, die älteren Damen zu veräppeln. Doch tief in ihr drin verletzt sie das alles sehr. Sie trägt Hose, Pulli, T-Shirt und passt damit einfach nicht in das Geschlechter-Stereotyp der damaligen Zeit. Die Bezeichnung „androgyn" gibt es damals nicht, und sie träfe es auch nur unzureichend. Sie ist kein androgynes Mädchen, sie ist gar kein Mädchen. Aber auch dafür gibt es damals keine Wörter.

Je weiter die Pubertät, die sexuelle Entwicklung ihren Lauf nimmt, desto seltsamer wird alles. Ihr Aussehen und ihr Auftreten passen einfach so gar nicht zu ihrem Geschlecht, findet ihre Umwelt. Sie ist kein süßes, kleines Mädchen. Aber als Junge konnte sie sich damals nicht wahrnehmen. Dafür reichte selbst die eigene Phantasie nicht aus.

Die ersten Wochen danach

Ich packe meine Sachen und bin raus. Die zwei Tage nach meinem Outing waren stressig, an Schlaf kaum zu denken. Der Körper voll mit Adrenalin. Viele Interviewanfragen, Mails und Facebook-Nachrichten. Doch jetzt zählt erst mal etwas anderes. Ich steige ins Flugzeug nach Spanien, um mit meinem Bruder zu reden. Seit ein paar Jahren haben wir wieder mehr Kontakt; auch, um über unsere Familie, unsere gemeinsame Geschichte zu sprechen. Dieser Kurztrip wird hochintensiv, das weiß ich schon vorher. Ich will ihm von Angesicht zu Angesicht erzählen und erklären, wie es mir geht. Er wusste natürlich schon, was an diesem 29. Oktober passieren wird – aber groß darüber reden wollte ich am Telefon nicht. Wir hatten die Wochen vorher viel hin und her geschrieben. Seine allererste Reaktion war positiv. Er sagte mir seine Unterstützung zu. Nun aber will ich meinen Bruder sehen. Der Flieger hebt ab, Ziel: Santiago de Compostela. Ich bin dann mal weg.

In Spanien bin ich mit meinem Bruder viel unterwegs. Er berät Bodegas, und in diesen Tagen ist die Weinlese vorbei, erste Proben stehen in den Kellern an, Gespräche mit Gastronomen und anderen. Seinen Geschäftspartnern stellt er mich sehr selbstverständlich als seinen Bruder vor. Niemand fragt nach. Alle reden mich mit Finn an. Ich bin „hermanos", der „Bruder".

Auf den Fahrten und in den Nächten reden wir viel miteinander. Wie es ist, in der Öffentlichkeit zu stehen, dem Pressehype ausgesetzt und dem, was noch kommen mag. Als ehemaliger Assistent eines Nobelpreisträgers weiß er, was das bedeutet. Wir sprechen auch viel über die Familie, die Vergangenheit. So nah wie in diesen Tagen waren mein Bruder und ich uns schon lange nicht mehr.

Schon im Flugzeug, auf dem Rückweg nach Deutschland schlägt das Herz wieder schneller. Wie wird das jetzt sein, das neue Leben, der neue Alltag? Auf dem Smartphone habe ich gesehen, wie viele Nachrichten schon wieder darauf warten, gelesen und beantwortet zu werden. Alle sind wohlwollend und aufbauend, ja bestärkend. Keine Vorwürfe oder Anfeindungen. Es sind auch viele Anfragen von anderen Transidenten dabei, die Rat und Hilfe suchen. Vielen ergeht es offenbar ganz ähnlich, wie es mir ergangen ist. Schon in den ersten Tagen nach meinem Outing werde ich zum Vorbild. Einer, der sich traut. Viele andere richten sich dran auf. Finden durch mich den Mut, zu sich zu stehen. Vor allem viele religiöse Menschen, die sich fragen, wie ihr Transident-Sein mit ihrem Glauben zusammengeht. Vertraute Fragen. Auch ich habe viel Zeit im Gebet und mit meiner Seelsorgerin verbracht, bis ich sagen konnte: Sehr gut geht das. Gott liebt mich so, wie ich bin. „Ich kannte dich, bevor ich dich im Mutterleib gemacht habe." Mich, Sebastian. So einfach ist das.

Jetzt also: Neustart ins Leben. Vorsichtig taste ich mich von Tag zu Tag, viele erste Male stehen mir bevor. Angespannt trete ich vor meine Klassen an der Fach- und Berufsoberschule in Würzburg. Meine ersten Worte klingen fast auswendig gelernt. „Ich gehe davon aus, dass Sie in den letzten Tagen irgendwann einmal von mir gehört oder gelesen haben", sage ich. Die Schüler und Schülerinnen, alle mindestens 17 Jahre alt, nicken und manche grinsen wohlwollend – aber niemand sagt etwas. „Ich bin jetzt Herr Wolfrum. Bitte redet mich in Zukunft so an." Wieder Nicken, wieder Stille. Ich halte kurz inne, schaue in die Runde. Dann mache ich einfach weiter mit dem Unterricht. Die Schülerinnen und Schüler wechseln die Anrede, als sei es das Selbstverständlichste auf der Welt.

Am Mittag des selben Tages dann das Gleiche im Kollegium, begleitet von aufmunterndem Schulterklopfen, und ein paar Tage später wieder bei einer Bürgerversammlung in der Gemeinde. Überall kommt mir Wohlwollen entgegen, oft auch Respekt für diesen Schritt. Ein älterer Mann schlägt mir auf die Brust. „Klasse! Ich finde das gut, was Sie machen." Männer unter sich, mit ihren Gesten, ihren Symbolen. Ich komme aus dem Staunen nicht heraus, wie unfallfrei das Outing abläuft. Damals, als ich mich als homosexuelle Frau gefühlt und als solche geoutet habe, lief das alles nicht so reibungslos. Zumindest nicht in der heutigen Erinnerung. Ist die Gesellschaft wirklich so viel weiter? Mögen mich die Leute vielleicht einfach, weil ich bin wie ich bin und ihnen mein äußeres Geschlecht auch schlicht egal ist?

Jedenfalls: Nach dem Outing als lesbische Frau hat mir keiner aufmunternde Briefe geschrieben. Anders als jetzt. Eine Frau aus der Gemeinde meldet sich bei mir. Sie ist über 90 Jahre alt, wegen diverser körperlicher Gebrechen kommt sie nur noch sehr selten in die Kirche zum Gottesdienst. Jetzt schreibt sie mir einen wunderbaren Brief voller Respekt und voller Wertschätzung. Wünscht Segen.

Da sind auch frühere Weggefährt*innen aus meiner Schulzeit und dem Studium, die mich als radikalen Evangelikalen erlebt haben – und mir nun schreiben: „Das passt alles so gut. Du warst schon immer einer, der auf der Suche war, nie bei sich sein konnte, rumgeirrt ist und deshalb gegen sich selbst aggressiv war."

Dann steht der erste Sonntagsgottesdienst nach meinem Outing an. Wie wird das sein? Stehe ich alleine in der Kirche? Oder kommen gar Neugierige, die sich den vermeintlich schrillen Vogel mal aus der Nähe anschauen wollen? Stehen TV-Kameras vor der Kirche, Journalisten, demonstrierende Trans-Gegner? Ich bin aufgeregt. Nicht wie am Tag X, aber doch nervös. Und erneut ist meine Aufregung völlig grundlos. Der Gottesdienstbesuch ist normal, keine Journalistenmeute vor der Kirche, keine Gehässigkeiten. Wir feiern Gottesdienst wie immer. Ganz normal. War da was?

In der digitalen Welt bin ich der Held, hier ist mir die Aufmerksamkeit sicher. Für kurze Momente kehrt sich meine Unsicherheit, meine Anspannung, als öffentliche Person, als Pfarrer noch dazu, das Outing bewältigen zu müssen, in Euphorie um. Ich merke, wie ich für viele in der Trans-Gemeinde zum Vorbild werde. Jugendliche, junge Erwachsene und manche sind älter als ich. Sie richten sich an meinem Mut und den vielen positiven Reaktionen auf, da das Outing bei mir augenscheinlich so reibungslos geklappt hat. Weitere Berichte in der *Süddeutschen Zeitung* und der *ZEIT* tun ihr übriges. Meine Gefühlslage gegenüber diesem plötzlichen Hype um meine Geschichte ist extrem ambivalent. Es geht nicht um mich als Person, das weiß ich natürlich, sondern um meine Funktion, um das erfolgreiche Coming-Out. Trotzdem fühlt sich die Aufmerksamkeit gut an.

Bis sich meine Vergangenheit wieder wie ein grauer Schleier über alles legt. Die dunkle Seite meiner Geschichte, die kaum jemand kennt und die mich aus meiner Sicht nicht zum Vorbild taugen lässt, drängt sich ins Heute. Jahrelange Depressionen, Selbstmordgedanken und Gewaltphantasien gegen mich selbst – nie könnte ich sagen: Lebt so wie ich, dann wird alles gut!

Das alles wird mir umso bewusster, da ich mein Leben in diesen Tagen und Wochen viele Male rekapitulieren muss. Für die Journalisten, denen ich mein ganzes Leben erzählen soll. Immer abwägen, was erzähle ich, was nicht. Aber nicht nur für die Presse, auch für die vorgeschriebene Psychotherapie, die ich machen muss, um die Hormonersatztherapie genehmigt zu bekommen. Und für alles andere auch. Notwendige Operationen, die Änderung von Vornamen und Geschlechtseintrag in der Geburtsurkunde.

Andere Transidente, die noch vor ihrem Outing stehen und jetzt meine Hilfe brauchen, fragen mich nach meiner Geschichte, danach, wie ich mir selbst gewiss wurde. Immer wieder höre ich, dass andere mich als

Vorbild nehmen; sie erzählen in ihrer Therapie von mir. Manche Ärzt*innen kennen mich schon, bevor ich bei ihnen in der Praxis sitze.

Ich schaue dabei immer wieder den eigenen Abgründen ins Gesicht. Ich sehe auf mein Leben, das so oft an der Kante zum Abgrund verlief. Wie die Gefährten im *Herrn der Ringe* bin ich durch Moria gewandert. Durch das Outing bleibt kein Stein auf dem anderen. Ich sehe die Bruchsteine, aus dem ich mir meine neue Existenz als Sebastian aufbaue – nicht ohne Stolz, aber eben auch mit Anstrengung und Demut.

Dass meine evangelikale Vergangenheit und mein jahrelanges Wirken in evangelikalen Gruppen kein Thema wird, nicht in der Presse, aber auch nicht online – es verwundert mich. Ich wäre doch eine optimale Zielscheibe! Ein Mensch, der nicht akzeptiert, wie Gott ihn geschaffen hat, und der in seinen vollkommenen Schöpfungsplan eingreift. Das geht nicht. Das ist gegen Gottes Willen. Ich habe mich vom vermeintlich rechten Weg abgewandt, zunächst indem ich mich zu meiner Liebe zu Frauen bekannt habe. Homosexualität wird in diesen Kreisen sehr oft als Sünde angesehen. Von Gott nicht gewollt. Und nun will ich als Transmann leben. Viel mehr Gotteslästerei geht doch nicht. Aber offenbar haben die ehemaligen Mitstreiterinnen vollkommen mit mir abgeschlossen. Oder ist die Luft aus dem

Thema völlig raus? Die „Ehe für alle", die im Sommer 2017 ein großes Thema war, das fix beschlossene Gesetz, die erste transidente Soldatin Anastasia Biefang in der Bundeswehr, all das war kurz vor meinem Outing. Haben sich die Konservativen schon an anderen abgekämpft? Innerlich bin ich trotzdem auf der Hut.

So stark ich in diesen Wochen und Monaten offenbar auf viele Menschen wirke – in mir sieht es zunehmend anders aus. Die Entscheidung, das Outing, alles war richtig. Aber ich bin nicht der strahlende Held, dem die Titelseiten der Zeitungen gehören. Ich bin ein ungeduldiger Mensch, nichts geht mir schnell genug, vor allem nicht, wenn ich weiß, dass etwas richtig ist und ich trotzdem warten muss. Seit September 2017 bin ich in Therapie, weil ich psychiatrische Gutachten für meine Hormontherapie benötige. Transidentität lässt sich auf körperlicher Ebene noch nicht nachweisen, auch wenn die Neuroforschung schon sehr weit ist. Die Hormonumstellung greift massiv in den Körper ein, das ist ja auch so gewollt. Aber die Selbstvergewisserung reicht den Ärzt*innen nicht aus. Also braucht es eine psychiatrische Begutachtung. Und das nicht nur einmal. Nicht nur ich, viele empfinden das Verfahren als unwürdig, verletzend. Doch nach derzeitigem Stand haben wir in Deutschland keine andere Wahl, als uns darauf einzulassen. Meine Therapeutinnen sagen mir: „Wenn wir nicht bei Ihnen sicher sind, bei wem dann?" Und trotzdem. Ich bin zum Warten verdammt. Regeln, Vorschriften, Empfehlungen der medizinischen Fachwelt. Soweit ich weiß, ist da niemand betroffen. Sie beurteilen von außen, ob wir „richtig" sind. Wie wir uns zu fühlen und zu verhalten haben und woran wir erkennen, dass wir richtig sind. Sechs Monate. Mindestens. Diese Zeit vergeht quälend langsam. Eigentlich wollte ich ja nicht die Tage rückwärts zählen, bis ich zum ersten Mal Testosteron erhalte. Doch die Ungeduld wird täglich größer, mächtiger. Es ist kurz vor Weihnachten. Mein neues Leben klopft an. Immer lauter.

brüchige Existenz

und?
    wenn es dich brechen will
    zu Boden beugt
    den Willen greift
    die Stärke kappt
    Halt und Seele prüft
        bis ins Mark
        bis auf den Seelenfaden

    von dir bricht's
    kannst's nicht halten
    nicht widerstehen

Splitter krachen springend davon
mürbe gewordene Teile verabschieden sich leise

und?
    Geknicktes wird Er nicht brechen
    Geschlagenes hebt Er aus dem Staub

Bruchstückbewahrer

03.11.2016

Sturm, Drang, Radikalisierung

In ihrer Pubertät entwickelt Silke zwei Taktiken, um mit ihrem Gefühlschaos umzugehen. Sie versteht nicht, was mit ihr los ist. Weshalb sie sich in ihrem Körper nicht wohlfühlt. Warum sie keinen Freund hat. Weshalb ihr erste Anzeichen von Sexualität völlig zuwider sind. Sie, die Einzelgängerin, spielt zwar Handball. Teil des Teams ist sie nie wirklich. Nun steht die Konfirmation an. Doch mit dem religiösen „Zeug" kann die Jugendliche nicht viel anfangen. Mit dem Ortspfarrer liefert sie sich intellektuelle Debatten über Glauben und Naturwissenschaften. Sonntags ist sie lieber beim Handballspiel der ersten Mannschaft ihres Vereins, statt in der Kirche die Zeit abzusitzen. Doch manchmal muss sie dorthin – um die nötige Zahl an Gottesdienstbesuchen für die Zulassung zur Konfirmation zu erreichen. Warum sie überhaupt mitmacht bei diesem Zinnober? Familiäres Pflichtgefühl. Die Familie ist bekannt im Ort. Keine Konfirmation für Silke wäre ein Ärgernis. Sie fügt sich. Wieder einmal.

Bis sie eines Nachts diesen Traum hat. Silke kommt zu spät in den Gottesdienst, schleicht sich auf die Empore, eigentlich wäre sie lieber in der Sporthalle, das schlechte Gewissen aber hat sie zur Kirche getrieben. Nun sitzt sie dort, wartet, holt sich am Ende eine Unterschrift vom Pfarrer. Eigentlich zu Unrecht. Dieser Traum lässt Silke nicht los. Einige Tage später schreibt sie eine Latein-Schulaufgabe. In Englisch brauchte sie eine Vier im Zeugnis, denn die Fünf ist für Latein reserviert. Während der Schulaufgabe ist immer dieser Traum im Kopf. Sie kommt mit der Sprache einfach nicht klar. Grammatik und Vokabeln wollen nicht in ihren Kopf. Doch dieses Mal schreibt sie eine Zwei. Sie legt dabei eine Übersetzung hin wie nie zuvor und nie wieder danach. Sie selbst empfindet den Gedanken als schräg und als abwegig, trotzdem ist sie sich absolut sicher: Die Klausur hat nicht sie geschrieben, sondern Gott. Und spürt dabei tief in sich drin etwas. Silke ist fest überzeugt: Gott hat sie freundlich angeschaut. Gott will mich! Gott interessiert sich für mich!

Normalerweise sucht in Silkes Heimatgemeinde der Pfarrer den Konfirmationsspruch für die Jugendlichen aus. Silke hat einen Wunsch. Es soll einer aus Psalm 23 sein. Der wurde beim Tod des Vaters gebetet, war wichtig für die Familie. Aber nicht der erste Vers vom *guten Hirten*, sondern Vers vier: „Und ob ich schon wanderte im finsteren Tal, fürchte ich kein Unglück, denn du bist bei mir, dein Stecken und Stab trösten mich." Der Pfarrer ist einverstanden. Ein Wort für ein ganzes Leben. Wie passgenau der Spruch werden wird, war ihr damals noch nicht mal in Ansätzen klar.

Nach der Konfirmation schließt Silke sich der Kirchengemeinde an. Sie ist fast jeden Sonntag im Gottesdienst und engagiert sich im Kindergottesdienst-Team. Anfangs findet das alles in ihrer Ortsgemeinde statt – wobei Kirchenleben in Oberfranken zur damaligen Zeit immer eine äußerst fromme Angelegenheit ist. Silke ist dabei und zwar in vorderster Reihe. Der Besuch der Pfingsttagung in Bobengrün etwa war absolute Pflichtübung. Silke taucht innerhalb weniger Wochen nach ihrer Konfirmation völlig in die ganz fromme, evangelikale Szene ein. Sie liest alle Bücher der Szene-Stars Wilhelm Busch, C.S. Lewis, Peter Hahne, sie fühlt sich erstmals in irgendeiner Form verstanden. Sie stürzt sich aufs Thema Verkündigung, sie erzählt von ihrer „Lebenswende", wie sie zum Glauben, wie sie den rechten Weg gefunden und wie sie ihr Leben an Jesus übergeben hat.

Zugleich wird Silke Mitglied im SPD-Ortsverein. Es ist die Zeit kurz vor Scharping, die SPD ist mal wieder anstrengend für ihre Mitglieder. Silke gilt dort als der „fromme Spinner", ein Image, das sie durchaus mag und pflegt. In der Kirchengemeinde stößt sie damit immer wieder auf Unverständnis, oft genug hinter vorgehaltener Hand. SPD und Kirche, das ist für viele schwer, zusammen zu denken. Silke schreibt für die Lokalzeitung. Der Bericht über die Zeltmission mit Peter Hahne erscheint vierspaltig. Silke ist stolz und wird zugleich verletzt. Einer der Hauptamtlichen der Gemeinde wundert sich, wie jemand aus einem vermeintlich nichtchristlichen, weil sozialdemokratischen Elternhaus, so positiv und gewinnen für die Kirchengemeinde schreiben kann.

Trotzdem bleibt sie zunächst in der Ortsgemeinde. Die Jugendarbeit der Gemeinde läuft in gemischten Gruppen – anders etwa als beim CVJM vor Ort, wo Mädchen und Jungs voneinander getrennt sind. Alle Mädchen in Silkes Alter haben nach und nach ihren ersten Freund, nur sie nicht. Sie zweifelt wieder an sich selbst.

Dann kommt ein neuer, junger Pfarrer in ihre Heimatgemeinde. Der ist theologisch in der pietistischen Bayreuther „Gruppe Luther" zuhause und führt getrenntgeschlechtliche Kinder- und Jugendarbeit ein. Für Silke ist das die Rettung. Sie wird in ihrem Rückzugsort Kirche nicht mehr mit Jungs in ihrem Alter konfrontiert, kein Händchenhalten und keine Küsse unter Gleichaltrigen mehr. Sexualität ist für die junge

Frau etwas Böses, sie drängt ihre eigene geschlechtliche Identität immer mehr in den Hintergrund. Alle Fragen zu diesem Thema verbietet sie sich selbst. „Ich hebe mich für die Ehe auf", sagt sie – und provoziert damit bewusst auch in der Schule. Silkes Mutter stört diese zunehmende Radikalisierung nicht, sie bekommt davon allerdings auch wenig mit. Sie denkt: Das Kind ist beim Pfarrer, also ist alles okay. Zumindest besser, als wenn sie mit Bier und Kippe in einer Kneipe säße.

Immer öfter fährt sie unter der Woche mit nach Bayreuth in die dortigen Gruppenstunden. Da spielt Politik keine Rolle. Manchmal trifft sie sogar auf andere Frauen, die politisch ähnlich denken wie sie. Es scheint, als hätte sie hier eine gute Heimat gefunden.

In der Schule redet sie sich bei Diskussionen um Kopf und Kragen: Sexualität sei etwas Böses, Tanzen des Teufels, all das korrumpiere den guten Christenmenschen. Sie setzt sich verbal scharf mit all jenen auseinander, die diesem strikten Weltbild nicht entsprechen: Sei es mit den Heavy-Metal-Fans mit ihren langen Haaren, sei es mit den bei Jungs beliebten Mädchen. Sobald ein Lehrer in der Schule diskutieren will, muss man Silke bloß einen provokanten Schubs geben und sie springt darauf an.

Die junge Frau ist deshalb beliebt beim Kollegium – verfestigt mit ihrem Verhalten aber die Rolle als Außenseiterin. Das aber findet sie nicht weiter schlimm. Heute ist Sebastian klar: So funktioniert Radikalisierung bis heute. Silke ist auf die Kritik Andersdenkender vorbereitet. Die „Gruppe Luther" prägt ihre Überzeugungen, sie liefert ihr Argumentationshilfen – und stärkt das eigene Opfer-Empfinden. Angriffe und Anfeindungen von außerhalb werden als Zeichen der eigenen Glaubensstärke umgedeutet. Gegenseitig erzählen sie sich in den Gruppenstunden, wer von wem, wie heftig und oft angefeindet wurde. Silke führt das interne Ranking meistens an, wird von Gleichaltrigen bewundert, steigt in der Hierarchie auf, fühlt sich als Liebling der Gruppenleiterinnen.

Neben der Strategie, sich völlig in den Glauben zu stürzen, gibt es bei Silke auch noch eine zweite Seite – die nicht nur auf den ersten Blick schwer dazu zu passen scheint. Sie liest und liest, vor allem Philosophisches, Politisches, Wissenschaftliches, sie zieht sich in ihren Intellekt zurück; auch, um immer weniger Bezug zum eigenen Körper zu haben. Sie beschäftigt sich mit Politik, liest Willy Brandt und über die Anti-Apartheit-Bewegung in Südafrika. Wie passt das zusammen? Sozialdemokratin und Evangelikale? Natürlich war bei der SPD in Oberfranken Mitte der 1980er-Jahre nicht der real existierende Sozialismus ausgebrochen, aber trotzdem? Eine kleine Brücke zwischen Pietismus und

SPD ist für Silke die Gerechtigkeit. Die evangelikale Szene vertrat zwar eine sehr exklusive Form von Gerechtigkeitssinn, aber immerhin. Für Silke passte das.

Die junge Frau, die schon zu diesem Zeitpunkt ausschließlich Hosen und eher männliche Klamotten trägt, stellt sich ohne mit der Wimper zu zucken vor ihre eigene Klasse und diskutiert über die Sünde sexueller Gedanken. Sie moralisiert bei wirklich jeder sich bietenden Gelegenheit. Tanzkurse werden zu Sodom und Gomorrha umgedeutet. Hohn und Spott ist ihr damals sicher, als sie dann doch auch selbst einen Tanzkurs macht. Sie will trotzdem irgendwie dazu gehören, zur Klasse, zu den Schulkamerad*innen, den „normalen" Menschen. Ein Glaubensbruder, der sich ihrer erbarmt, wird ihr Tanzpartner. Silke nimmt ihr Außenseiterdasein an, frei gewählt ist es nicht. Sie ist nicht glücklich zu dieser Zeit. Doch in der „Gruppe Luther" wird sie für ihre „Standhaftigkeit" gelobt. Ihr Gemeindepfarrer macht ihr Mut. Mit ihm kann sie über sehr viel reden. Viele Abende verbringt sie dort. Mehr und mehr bekommt er die Rolle eines Ersatzvaters. Sie hat Selbstzweifel, aber er findet mit ihr eine Erklärung: Christus hat in der Welt gelitten, Christen müssen in der Welt leiden – und das sei nun eben ihr Leidensweg.

Auszeit zum Jahreswechsel

Die Luft schmeckt nach Salz. Endlich. Seit Wochen warte ich auf diesen Tag, an dem ich auf die Fähre steigen und einfach mal alles hinter mir lassen kann. Advent und Weihnachten sind für Pfarrer*innen ohnehin eine anstrengende Zeit. Seit Jahren schon klinke ich mich deshalb nach den Weihnachtsfeiertagen für knapp zwei Wochen aus und fahre nach Borkum. Die 50 Kilometer Abstand zum Festland tun gut, hier kann ich richtig abtauchen. Ein Spaziergang auf dieser Insel fühlt sich an, als wäre man auf offener See – der Alltag, Kontinentaleuropa, ist weit weg, weiter noch als beim Bruder in Spanien.

Ende 2015 habe ich mich das erste Mal hingesetzt und mir auf der Insel das vergangene Jahr von der Seele geschrieben. Erst sammle ich Stichworte des vergangenen Jahres, dann arbeite ich sie Stück für Stück ab. Solange, bis ich mit mir im Reinen bin. Ich verbringe dafür Stunden im Teestübchen, trinke mich durch die Teekarte und schreibe. 2017 war ein brutal dichtes Jahr, aber in dem Jahr ist es anders. Das Aufschreiben geht dieses Mal so schnell, während es die beiden Jahre zuvor eine Qual war. Die Fäden laufen fast ganz von alleine zusammen, ich bin bei mir. Endlich.

2015 war ein übles Jahr. Vergangenheitsbewältigung und Depressionen. Und 2016 war nicht viel besser. Eine schlimme Diagnose, die manche Frauen in Krisen stürzt. Mich zunächst auch. Die Gebärmutter muss entfernt werden. Ich habe Angst, wie mich das – als Frau – verändert. Die Operation sollte so angelegt sein, dass ich meine Periode verliere. Das einzige Zeichen, das mich immer wieder daran erinnert hat, dass ich körperlich eine Frau bin. Damit konnte ich zwar nie etwas anfangen, aber im Moment der Diagnose konnte ich es nicht so benennen. Was, wenn ich das nicht mehr habe?

Bevor ich Ende 2017 auf die Insel fahre, lese ich mir meine früheren Jahresberichte nochmal durch. Im Nachhinein wird vieles klarer. Vor einem Jahr war die heftige Diagnose. Die anschließende Gebärmutter-Entfernung ist wohl in der Tat für die meisten Frauen der Beginn einer existenziellen Krise. Frausein ohne Periode, ohne organische Möglichkeit, Kinder zu bekommen. Mir hat die Operation Anfang 2017 letztlich geholfen, vielleicht sogar meinen Weg ins neue Leben beschleunigt, weil ich nichts Körperliches mehr hatte, um mich an die äußerliche Existenz als Frau zu klammern. Ich vermisse nichts. Keinen einzigen Tag. Mittlerweile bin ich fest davon überzeugt, dass das immer größer werdende Myom auf der Gebärmutter eine Abwehrreaktion meines Körpers war. Das seelische Leiden war zu einem körperlichen geworden.

Jetzt bin ich also wieder auf der Insel, das vierte Jahr in Folge in derselben Unterkunft, einer Art Selbstversorger-WG. Jedes Jahr trifft sich dort der gleiche *Lonely Hearts Club*. Wir sehen uns das ganze Jahr über nicht, schreiben uns kaum Mails oder Kurznachrichten – dann trifft man sich wieder auf Borkum und verbringt den Jahreswechsel zusammen, als wären wir alte Freunde. Diesmal hatte ich die Vermieterin gebeten, allen einen Artikel-Link über mein Outing weiterzuleiten. Nicht aus Angst, dass jemand ein Problem damit haben würde. Ich wollte dort nur nichts erzählen oder erklären müssen. Rechenschaft hätte ohnehin niemand in der Runde von mir verlangt. Aber ich wollte einfach von vornherein Tatsachen schaffen. Ankommen, Sebastian sein.

Die klare Luft, der salzige Wind im Gesicht, das Rauschen des Meeres im Ohr. Diese Klarheit. Einfach so leben können. In den Tag hinein. Ohne dass jeder von „meinem" Thema weiß. Nach zwei Monaten auf offener Bühne, nach zwei Monaten als grüne Giraffe. Niemand spricht mich darauf an. Ich bin einfach Sebastian in diesen Tagen. Und doch gibt es dann wieder den einen kleinen Moment, der einen brutal auf den Boden der Tatsachen zurückholt. Als ich im Teestübchen sitze und der Kellner mich – freundlich zwar – dezidiert mehrmals als Frau anspricht. Ich nehme allen Mut zusammen, stehe auf und spreche ihn an: „Ich habe eine hohe Stimme und sehe manchmal aus wie eine Frau. Aber ich bin ein Mann." Mein Herz klopft, was passiert jetzt? Der Kellner ist irgendwie peinlich berührt, entschuldigt sich. Am nächsten Tag begrüßt er mich freundlich: „Der Herr, was darf's sein?"

Im nächsten Jahr wird das alles anders sein, sage ich mir selbst, um mich zu beruhigen. Das Testosteron wird meine Stimme tiefer machen, die Gesichtszüge markanter, den Gesamteindruck männlicher. Ich merke wieder, wie die Ungeduld in mir hochkommt. Wieso darf ich mit der Hormontherapie nicht schon jetzt anfangen? Wieso muss ich noch monatelang warten? Warum darf ich nicht ganz Mann sein? Diese existenziellen Fragen sind quälend.

Als ich nach beinahe zwei Wochen Auszeit auf Borkum meine Koffer packe, kriecht die Anspannung wieder hoch. Wie schon im Oktober, als ich aus Spanien zurückflog. Nicht, dass ich vor zuhause Angst hätte. Alles läuft bestens, die Gemeinde steht hinter mir, im Wohnort stärken mir alle den Rücken. Und doch stehen mir jetzt zwei angstbesetzte Wochen bevor. Die ganzen Neujahrsempfänge, die Prunksitzungen der Fastnachtsvereine – wieder viele erste Male, wieder viele Menschen, die man zwar schon kennt, aber denen ich seit dem Outing noch nicht begegnet bin. Ich ringe lange mit mir, ob ich auch zum Neujahrsempfang der Stadt Würzburg gehen soll. Der bayerische Landesbischof Heinrich Bedford-Strohm wird dort sein, als Festredner. Ich will ihn sehen, ihm die Hand schütteln, mich für die Loyalität und Unterstützung der Landeskirche bedanken. Schließlich entscheide ich mich dafür. Vor einigen Jahren begegnete ich ihm an Rande des Stuttgarter Kirchentages. Ich stellte mich ihm im Kontext meines Engagements für Betroffene von sexueller Gewalt vor. Schon damals erlebte ich ihn als sehr wertschätzend. Wie wird es diesmal sein? Als ich ihm gegenüberstehe, ist es tatsächlich mein oberster Dienstherr, der sichtbar erleichtert ist. „Ich bin froh, Sie zu sehen! Wie geht es?" Worte wie Öl. Hatte ich mich in den vergangenen Wochen ab und an gefragt, ob ich nicht eher zu einer Belastung für die Landeskirche werde, sind mit diesem Satz meine Fragen vom Tisch. Er hat die Presseberichterstattung verfolgt und freut sich mit mir, dass es mir gut geht und die öffentliche Reaktion durchweg positiv ist.

Wieder läuft es, wie schon in den vergangenen Monaten, derart unkompliziert und entspannt, dass ich von Euphorie geradezu durch diese Tage getragen werde. Auch bei den Narren im Ort komme ich gut weg. Dass sie ihren transidenten Pfarrer bei den Neujahrsansprachen und Büttenreden nicht auslassen würden können, das war mir schon klar. Aber dass sie es mit so viel Würde und Sympathie tun, das berührt mich. Rudi Zott, der Büttenredner des VCC stellt fest: „Unser Pfarrer hat uns ja verwirrt." Stille bei den über 500 Faschingsnarren im Saal, ich halte den Atem an. „Damit meine ich nicht den evangelischen. Der hat uns aufgeklärt. Und sein Schritt erfordert viel Mut und verdient Respekt." Lauter Applaus im vollbesetzten Saal und beim Elferrat. Ich nicke dankbar und atme tief durch. Verwirrt, meint er, habe ihn der katholische Pfarrer, weil die Gottesdienstzeiten so unberechenbar seien. Wir bauen die evangelische Christuskirche um und feiern unsere Gottesdienste in den katholischen Kirchen, was manchmal zu Verwirrungen führt, wo denn jetzt der jeweils richtige ist. Rudi stellt fest: „Jetzt weißt du nicht einmal, wo und wann dir am Sonntag der Leib des Herrn gereicht wird." Da können mein katholischer Kollege und ich herzlich mitlachen, und wir sind beide froh, dass dieser Teil der Büttenrede so gut über die Bühne gegangen ist.

Wäre es anders gelaufen, ich weiß nicht, was ich

getan hätte. Aufstehen und gehen, wenn es unter die Gürtellinie geht? Mich wehren? Ich bin erleichtert, dass ich solche Entscheidungen nicht treffen musste und mir meine Energie für die wirklich wichtigen Dinge aufsparen kann.

Absage an die einfache Lösung

NEIN
Weil ich mich nicht besiegen lasse
nicht von den Niederlagen
nicht von der Verzweiflung
nicht von zerrissenen Herzen

NEIN
weil die schwarzen Hunde draußen bleiben
weil die Flieger der Nacht
mit dem ersten Sonnenstrahl
zerstieben
wie Motten im Licht.

NEIN
weil es keinen Grund gibt
sich vom Leben
besiegen zu lassen
nicht wenn es zuschlägt
nicht wenn es enttäuscht
nicht wenn es von Eiseskälte durchweht

NEIN
dieser letzte Triumph
im Staub
im Schmerz
in der Verzweiflung
gehört mir
und

JA
ich werde
aufstehen
zum Leben

20.07.16

Die ersten Fluchten

Silkes Psyche übersteht ihr emotionales „Doppelleben"
nicht unbeschadet. Während sie nach außen die fromme Pietistin ist, die alles Sexuelle, alles Weltliche, alles
angeblich Unchristliche rigoros ablehnt, keimen in ihr
dunkle Gedanken. Sie ist fast 16 Jahr alt, als der Suizid in ihr Leben tritt. Die Familie macht ein paar Tage
Urlaub in London, Silke steht mit ihrer Mutter, ihrem
Bruder und dessen Freundin oben auf dem Turm der
St. Paul's Cathedral. Die junge Frau blickt nach unten
– und denkt sich: Warum jetzt nicht einfach springen?
Dann ist alles vorbei. All dieses Unglück, diese Zweifel,
diese Zerrissenheit.

Sie springt nicht. Und sie erzählt keinem aus ihrer Familie von dieser Todessehnsucht, die sie so aus
dem Nichts überfallen hat. Stattdessen sucht sie das
Gespräch in ihrer „Ersatzfamilie", den pietistischen
Gruppen und Kreisen, in denen sie aktiv ist. Doch als
sie dem Pfarrer dort von ihren Selbstmordgedanken erzählt, hat der nur einen bedingt hilfreichen Tipp parat.

Sie solle dann eben nicht mehr auf Türme gehen, sagt der Theologe. Silke ist wie vor den Kopf gestoßen. Sie fühlt sich nicht ernstgenommen, wie damals von ihrer Großmutter, die Geschichte mit den Wölfen unterm Bett. Freunde, mit denen sie über so etwas sprechen kann, hat sie nicht. Silke hat Angst. Sie ist zwar unglücklich, aber sterben will sie auch nicht. Suizidfantasien werden sie für Jahrzehnte begleiten.

Doch damit nicht genug. Ihr Unwohlsein, ihr Getriebensein, ihr Suchen führt alsbald zu Autoaggressionen. Silke taucht in Fantasiewelten ab, träumt sich in Rollenspiele hinein, wo ihr sämtliche Foltermethoden des mittelalterlichen Gruselkabinetts zuteilwerden. Sie verliert sich in diesen mächtigen Gedanken, sie versteht nicht, was das Ganze soll – aber sie gibt sich den schlimmen Gedanken immer und immer wieder hin. Es ist fast wie eine Sucht. Doch auch dafür haben die Seelsorger in den evangelikalen Zirkeln kein Verständnis. Sie verstehen einfach nicht, dass da jemand vor ihnen sitzt, der Hilfe braucht.

Stattdessen speisen sie Silke in ihrer Not mit Platitüden ab. Sie solle sich vorstellen, Jesus stehe neben ihr, wenn sie sich mal wieder gedanklich in ihren Folterkellern quält. Jesus werde ihr helfen. Die Gedanken würden dann schon aufhören. Aber das hilft ihr nicht. Und es hört nicht auf. Wieder einmal fühlt Silke sich nicht ernstgenommen. Anderswo will sie sich nach diesen Erfahrungen keine Hilfe holen. Zu groß die Scham. Und sie verbucht es wieder mal als Anfechtung ihres Glaubens. Sexuelle Fantasien, für Jugendliche in ihrer Entwicklung ja im Grunde natürlich und normal, gelten in pietistisch-evangelikalen Gruppen als Sünde. Sie berühren das sechste Gebot – „Du sollst nicht begehren deines Nächsten Frau" – und man hat sich von diesen Gedanken fern zu halten. Silke gelingt das nicht. Für ihre Gewaltphantasien findet sie eine Erklärung, die zu ihrem Glaubenssystem passt: Sie ist überzeugt, sie bestraft sich damit quasi selbst für die sexuellen Gedanken, die sie hat.

Zugleich aber haben diese Fantasien kurzzeitig etwas Entlastendes. Wie der nächste Kick bei Süchtigen. Sie erleichtern den Druck von außen, Silke lebt damit ihre Selbstablehnung aus, bestraft sich für das, was sie ist, was sie nicht versteht. Dass einst der Reformator Martin Luther als Mönch mit einer Geißel in seiner Zelle im Kloster saß und sich blutig gepeitscht hat – ihr kommt das Ende des 20. Jahrhunderts nicht fremd vor, sondern logisch, als probates Mittel. Silke wird immer aggressiver. Gegen sich in der Fantasie, gegen andere in der verbalen Auseinandersetzung. Dass sie das Abitur unter diesen Umständen sehr ordentlich abschließt, ist verwunderlich.

Der Glaube ist damals das Einzige, was Silke in ihrem Leben Halt gibt. So entschließt sich die Abiturientin 1991 dazu, in Erlangen Evangelische Theologie zu studieren, um Pfarrerin zu werden. Doch dieser Schritt wird in der evangelikalen Szene Oberfrankens nicht nur positiv aufgenommen. Das Frauenbild in der Gruppe ist antiquiert, Frauen sollen nach dieser Auffassung zwar durchaus Theologie studieren – aber mit dem Ziel, nachher als gut ausgebildete Pfarrfrau ihrem Mann qualifiziert zur Seite zu stehen und ihm den Rücken freizuhalten. Sie fragen nach Silkes Berufung, ob sie sich sicher sei, dass Gott sie in diesem Amt haben wolle. Silke ist es. Am Morgen des 10. November 1988 beim Meditieren der Tageslosung hat sie Gewissheit. Die Worte berühren sie, sie fühlt: Ich bin gemeint. Es ist ihr Weg.

Trotz der Vorbehalte gegen sie als zukünftige Pfarrerin – ein Beruf, der anscheinend nur den Männern zugestanden wird – unterstützt sie zu Beginn ihres Studiums die Gruppe, auch weil das Studium in pietistischen Kreisen als Anfechtung des eigenen Glaubens gilt. Schließlich stellt die akademische Theologie Grundüberzeugungen des evangelikalen Glaubens in Frage. Die Bibel ist in der akademischen Welt selbstverständlich Menschenwerk, von verschiedenen Personen geschrieben. Sie muss in ihrem historischen Kontext verstanden werden, um für den heutigen Alltag an-

wendbar zu sein. Schon gar nicht sind ihre Texte wört-
lich zu verstehen, wie das in evangelikalen Kreisen oft
gemacht wird. So ist die akademische Theologie in dieser Welt eine Anfechtung, eine Glaubensprüfung, die
zu bestehen ist. Lernen, hinschreiben, vergessen. So
lautet der Dreiklang, der ihr von führenden evangelikalen Köpfen damals vorgesungen wird.

Doch Silke vergisst nicht, sie denkt nach. Das Studium beginnt ihr Spaß zu machen. Die wissenschaft-
liche Arbeit mit der Bibel überzeugt sie schließlich
davon, dass die Heilige Schrift nicht einfach fertig
vom Himmel gefallen ist. Dietrich Bonhoeffer wird
zu ihrem Lieblingstheologen. Ein politisch denkender
Wissenschaftler, der trotzdem eine tiefe Frömmigkeit
pflegt, in der akademischen Theologie Karriere macht
und schließlich zum politischen Widerstandskämpfer
wird – bei der Lektüre von Bonhoeffers Biographie
findet sie sich oft wieder. Sie liest die Monografie von
Eberhardt Bethge und fast alle theologischen Schriften
von Dietrich Bonhoeffer. Parallel dazu nährt die Be-
freiungstheologie aus Lateinamerika den Gerechtigkeitssinn der Sozialdemokratin. Sie stellt zunehmend
die Sühne-Opfer-Theologie ihrer pietistisch-evangelikalen Gruppe infrage. Außerdem reibt sie sich mehr
und mehr am Personenkult, der dort seit dem Tod des
Gründervaters praktiziert wird. Aus Respekt oder Ehr-

furcht vor ihm werden auf den Sommerfreizeiten in den Jahren nach seinem Tod keine neuen Bibelarbeiten gehalten, sondern Videoaufnahmen aus früheren Jahren gezeigt. Sie kann theologisch nicht mehr mit den evangelikalen Gruppen aus der Jugendzeit mitgehen. Drei Jahre nach Studienbeginn kommt es zum Bruch. Sie schreibt einen langen Brief an eine der Leiterinnen, daraufhin wird sie noch einmal von einer anderen Frau aus der Gruppe angerufen. Danach ist es vorbei. Sie ist raus aus der Pietisten-Szene, eine Zweiflerin, eine Falschgläubige. Sie verliert ihren sozialen Anschluss. Und damit auch ihren Glauben.

Alles bricht für Silke nun zusammen. Ihr bisheriger christlicher Glaube ist stark auf die Sühne-Opfer-Theologie reduziert. Jeder Mensch ist ein Sünder, Gott wirft einen in den Staub, man muss nur Jesus vertrauen, der für die Menschen am Kreuz gestorben ist und alle Sünden auf sich genommen hat. Dieser Kern vieler frommer Gruppen wird Silke nun zum Verhängnis. Das ganze Glaubens- und Lebensgebäude ist im evangelikalen Bereich auf diese Grundüberzeugung aufgebaut. Für die verschiedensten Situationen und Herausforderungen weiß dieses sehr geschlossene Gedankengebäude eine Antwort. Schwierigkeiten im Beruf, in der Partnerschaft, Unzufriedenheit mit dem eigenen Sein und vieles mehr. Bricht der zentrale Kern weg, bricht das ganze Glaubens- und Lebensgebäude zusammen. Silke kann das nicht mehr glauben. Ihre ganze Weltsicht, ihr ganzer bisheriger Lebensentwurf ist Makulatur. Doch einer ihrer Professoren, Hans-Christoph Schmitt, überzeugt sie, zumindest ihre ausstehende Arbeit über das Buch Hiob im Alttestamentlichen Seminar fertigzuschreiben. Silke kniet sich hinein und findet dadurch einen neuen Glaubensansatz. Drei Freunde versuchen vergeblich, eine Antwort auf Hiobs Leiden zu finden. Sie deuten es als Glaubensprüfungen, einer sucht die Schuld bei Hiob und vermutet, Gott würde ihn bestrafen. Aber Hiob ist sich selbst keiner Schuld bewusst. Mit letzter Verzweiflung richtet er eine trotzige Anfrage an Gott. Dieser antwortet ihm. Am Ende steht die Erkenntnis für Hiob – und auch für Silke: Es gibt keine sinnvolle Erklärung für das Leid. Es sagt auch nichts über die Liebe Gottes zu einem Menschen aus. Gott verhindert es nicht, er führt es auch nicht aktiv herbei. Aber er gibt eine Zusage: Gott geht mit, auch durch das Leid. Auf diesem Satz kann Silke aufbauen.

Die junge Theologiestudentin pendelt nach diesem Bruch wie schon so oft in ihrem Leben ins Extreme. Binnen kürzester Zeit hat die einstige Vorzeige-Evangelikale sich den Ruf erworben, ein „Pietistenfresser" zu sein. Fromme Student*innen gibt es an der Uni damals genug. Und streitlustig war Silke ja schon immer.

Leben übergeben und empfangen

Die Passionszeit ist eine echte Prüfung für mich. Nicht nur, dass ich auf den Beginn meiner Hormontherapie hinfiebere. Je näher der Tag kommt, desto mehr gehen die Gedanken in mein altes Leben zurück. Eine tiefe Trauer übermannt mich. Ich bin überrascht, wie viel Abschiednehmen von und Abschließen mit Silke für mein neues Leben als Sebastian nötig ist. Mir war immer klar, dass das für mich nicht so funktioniert, wie ich es in den Geschichten anderer Transidenter lese, die offenbar ab der Hormontherapie ihr altes Leben völlig hinter sich lassen. Ich kann doch nicht 46 Jahre Leben einfach ausblenden?! Immer und immer wieder kommen Gedanken an ein „verpasstes Leben" hoch, die vielen qualvollen Momente im Körper einer Frau. „Mein Leben war selten vergnügungssteuerpflichtig", so sage ich es im Herbst einem Journalisten.

Um an das Rezept für die Hormone zu kommen, muss ein Psychiater die Notwendigkeit dafür feststellen. Dafür musste ich einen Lebenslauf unter besonderer Berücksichtigung der Transidentität schreiben, meine ganze Leidenszeit komprimiert auf fünf Seiten. Ich habe alles rausgelassen, was nach „Flucht auf die andere Seite" klingen könnte. Der frühe Tod des Vaters, die Einsamkeit in der Schule. Gewalterfahrungen, die man so auslegen könnte, als wolle ich „auf die Seite der Macht" wechseln. So lege ich 46 Jahre Leben auf die Goldwaage, hoffend, dass sie sich zur richtigen Seite senkt.

Jetzt steht das alles wieder vor meinen Augen. Schwarz auf weiß. Und in meinem Herzen rechte ich mit mir. Was hättest du dir ersparen können! So viele schmerzhafte Umwege! „Ich wusste es nicht besser!", schallt es mir aus meinem Hirn entgegen. Kopf, Herz und Verstand befinden sich im offenen Widerstreit.

Parallel tobt die Baustelle um mich herum, wir bauen die Kirche in meiner Gemeinde um, müssen Entscheidungen fällen und die Konfirmation läuft auf das Finale zu. Wieviel kann ein Mensch parallel bearbeiten? Ich will es allen beweisen. Ich kann, ich muss, ich will, ich werde. Freundinnen machen sich Sorgen, wie ich das alles aushalten kann. Die Gewissheit, endlich richtig leben zu können, gibt mir Kraft, verleiht Adlerflügel.

Aus meinen Tiefs kann ich mich inzwischen gut selbst befreien – indem ich daran denke, was ich trotz aller Herausforderungen und Krisen in meinem Leben alles schon geschafft habe. Abitur, Examen, Gemeindeleitung.

Die Trauer reißt mich trotzdem wie ein wildes Tier immer wieder zu Boden. Morgendepression? So ähnlich, ja. Da kommt manches zusammen. Vielleicht ist es eine Art vorgezogene Midlife-Crisis, aber es ist vor allem ein Verletztsein darüber, 46 Jahre „falsch" gelebt zu haben und diese Zeit nicht mehr nachholen zu können. Nie mehr als Junge ein Teenager sein zu können, nie unbeschwert mit mir, meinem Körper, meiner Sexualität heranwachsen zu können. Und dann mischt sich auch das Erschrecken darüber mit hinein, was ich mir alles angetan habe, wie unbarmherzig ich zu mir selbst war, die Gewaltfantasien, in welche Konstellationen ich mich habe zwängen lassen und trotzdem funktionierte, meinen Job gemacht habe. Mit den Konfirmandinnen und Konfirmanden spreche ich über die Beichte. Ich lerne von ihnen, wie sehr sie mit sich selbst ringen. Vieles erkenne ich wieder. Eine hat sich an Judas festgebissen. Immer wieder fragt sie nach dem Jünger. Sie staunt, dass Jesus ihn trotz des Verrats nicht vom gemeinsamen Festessen ausschließt. Auch der Verräter ist geliebt, darf bleiben. Ich denke: Wie oft habe ich mich verraten. Gegen besseres Wissen. Ich erschrecke, wie selten mir mein Leben etwas wert war.

Und darum: Ich will einen versöhnten Abschied von

und mit Silke. Bevor die Hormontherapie beginnt. Je näher der Termin der ersten Testosteron-Dosis kommt, desto klarer wird mir, dass diese Versöhnung noch nicht da ist. Ich muss etwas tun, der Trauer Raum geben. Aber das geht im vielbeschäftigten Alltag als Pfarrer nicht. Also nehme ich mir in der Woche vor Ostern eine kurze Auszeit, fahre in meinen zweiten „Fluchtort" neben Borkum: Nürnberg. Ich wandere durch St. Lorenz. Mit dieser Kirche verbinde ich sehr viel. Besonders spirituell, so wie Paten Menschen auf ihrem Weg im Glauben begleiten, ist die Lorenzkirche in der Nürnberger Altstadt ein geistliches Zuhause für mich geworden. Mit einer Freundin verbringe ich dort viel Zeit, ich erzähle, zeige ihr die Orte vom letzten Sommer. Sie hat darauf bestanden, Silke mitzunehmen und ihr Zeit und Raum zu geben. Der endgültige auch hormonelle Wechsel von Silke zu Sebastian sollte einen rituellen Rahmen bekommen: Beichte, Versöhnung, Segen. Um mir klar zu machen: Ich will mit mir Frieden schließen.

Am Ende dieser kurzen Auszeit steht für mich eine Lebensübergabe. Sie stellt sich eher beiläufig ein, als ich am Nachmittag wieder allein in Nürnberg bin und in einem Café an der Pegnitz sitze. Ich schaue auf das Wasser und es überwältigt mich ein irres Gefühl, fast schon biologisch. Sebastian verspricht Silke: „Niemand wird Dir mehr Gewalt antun. Du sollst heil werden. Du sollst Heimat haben bei mir, Wohnrecht für immer." Und Silke antwortet Sebastian: „Du darfst tun, was Dir gut tut, und Du wirst Dir nie mehr Gewalt antun." Silke hat ihr Leben an Sebastian übergeben, Sebastian hat es von Silke empfangen. In diesem Moment fühle ich etwas, was ich noch nie zuvor gespürt habe und wohl auch nie wieder spüren werde: Muttergefühle. So, als hätte ich jemanden zur Welt gebracht. So, als hätte ich jemanden großgezogen, der jetzt – endlich! – lebensfähig ist. Von der Geburt bis zum Auszug in wenigen Stunden. Und wie bei einer Schwangerschaft war auch ich neun Monate unterwegs, von Trinitatis 2017 bis Ostern 2018. Alles passt zusammen.

Am späten Nachmittag dieses Dienstags vor Ostern, mitten in der Karwoche, kommt dann endlich der ersehnte Anruf. Ich bekomme mein Rezept, die Hormontherapie kann beginnen. Ich wollte nie die Tage zählen und habe es dann doch getan. Dieser eine Tag ist zwischen Bleistift und schwarzer Tinte im Kalender rot markiert. Was habe ich in den vergangenen Wochen die Tage, ja manchmal fast die Stunden gezählt. Jede weitere Verzögerung hat mich wütend gemacht – doch jetzt, wo ich Frieden mit meiner Vergangenheit geschlossen habe, da ist dieses „Ich muss das jetzt sofort haben"-Gefühl nur noch ganz dumpf vorhanden.

Natürlich will ich weiterhin die Hormontherapie, aber diese bewusste Übergabe von Silke an Sebastian hat mir viel Gelassenheit und Ruhe gegeben. Mein Glaube mit seinen starken Ritualen trägt mich. Ohne geht es nicht. Nur so kann ich mir erklären, was daraufhin passiert.

Als ich wieder in Unterfranken bin, hole ich das Rezept in der Praxis ab, und löse es auch gleich in der Apotheke ein – und dann stelle ich das langersehnte Testosteron erstmal in den Schrank. Ein Freund aus der Trans-Szene ist kurz davor, mich für verrückt zu erklären: „Du hast das dastehen und nimmst es nicht?! Bist du irre?!"

Bei allem Sturm und Drang, ich bin nicht alleine von Hormonen abhängig in der Entscheidung für mein neues Leben. Ich habe einen Beruf, ein Amt, eine Verantwortung. Das muss ich alles unter einen Hut bekommen, will ich die Zustimmung, das Wohlwollen der Gemeinde nicht überstrapazieren. Und sie haben mich ja getragen. Durch den Herbst und den Winter. Und schon viel, viel länger. Die Kartage, Ostern, das sind viel zu wichtige Feste und Gottesdienste für uns Christinnen und Christen und auch für mich persönlich. Da will ich nicht „frisch" auf Testosteron sein, womöglich nicht ganz bei mir. Viele Transidente berichten von Heiserkeit, kratzender Stimme, Schwindel, Kopfschmerzen. Das kann ich an diesen wichtigen Tagen im

Jahr nicht mutwillig riskieren. Ich ahne: Das wird das letzte Mal auf lange Zeit sein, dass ich die Liturgie singen kann. In der Übergangsphase werde ich die Töne nicht mehr zuverlässig treffen.

Einige aus den Selbsthilfegruppen können mein freiwilliges Abwarten nicht verstehen. Natürlich freue ich mich auf die Behandlung, aber ich habe auch Respekt davor. Es soll bewusst geschehen. Am Ostersonntag, nach der Predigt. Wochenlang habe ich mir ausgemalt, wie dieser Tag ablaufen soll. Ich hatte den Song im Ohr und oft genug im Auto laufen, den ich an diesem Tag posten wollte – „So soll es sein, so soll es bleiben" – und dann kommt doch alles anders. Ich hatte die Predigt für jenen Ostersonntag eigentlich schon fertig. Doch dann setze ich mich am Samstagabend doch noch mal hin und schreibe etwas Neues. Ich hatte an Ostern oft das Problem, die Auferstehung zu beschreiben – dieses Mal weiß ich, wovon ich erzähle. Das, was mit mir in den vergangenen Monaten passiert ist, kann ich nicht anders beschreiben als eben so. Jetzt habe ich das Bedürfnis, meiner Gemeinde zu erzählen, wo ich gerade stehe. Ich predige über Hanna, Prophetenmutter, die ein ganzes Leben auf ihr Kind warten musste. Demütigungen ertrug. Und dann endlich schwanger wurde. Hanna singt ein Lied über ihre Rettung. Und ich singe an jenem Ostersonntag mein Lied.

„Wer weiß schon, was das ist – Auferstehung? Wer kennt das aus eigener Erfahrung?

In letzter Konsequenz weiß auch ich das nicht. Eine Ahnung habe ich davon bekommen. In den vergangenen Wochen und Monaten habe ich viel über mich gelernt. Mein Leben. 46 lange Jahre. Vieles verstehe ich heute besser, oder endlich. Ich habe auch Abschied genommen, von einem Leben, das nicht passte. Mich versöhnt mit mir selbst. Meine Rettung? Das waren viele. Freunde, eine Seelsorgerin, die mich ganz eng begleitet hat. Vieles habe ich vor Gott gebracht. Wie Hanna. Und von ihm habe ich mein Leben geschenkt bekommen.

Meine Rettung? Ihr, die ihr da seid, sonntags. Anteil nehmt. Mir Mut zugesprochen habt. Ich spüre, dass eure Gebete mich begleiten.

Ich habe endlich zum Leben gefunden. Auferstehung, mitten am Tag. Weil Gott mich durchgetragen hat. Auch und gerade durch die schweren Zeiten, die sich manchmal wie Karfreitag anfühlten.

Mit euch will ich mich aufrichten, singen aus voller Kehle. Auferstehung feiern. Dass das Leben gewinnt, auch wenn du manchmal sehr, sehr lange darauf warten musst. Mit Gott an unserer Seite und dem auferstandenen Christus vor Augen. Erleben, dass wir gemeinsam glauben, und uns zur Rettung werden."

Ostersonntag, halb elf, die Gottesdienste sind rum, das Lammsteak liegt in der Pfanne, das Gel mit dem Testosteron steht vor dem Spiegel. Statt eines süßen Nachtischs nehme ich den Dosierspender in die Hand. Jetzt also. Ich drücke das Gel aus dem Spender in meine Hand und trage es vorschriftsmäßig auf der Haut auf. Ist das jetzt Einbildung? Ein Kribbeln breitet sich quer durch meinen Körper aus, ich sehe vor meinem inneren Auge die Botenstoffe regelrecht durch die Blutbahnen laufen, der Organismus fängt an zu vibrieren, beruhigt sich aber schnell wieder. Viele halten Hormone ja für kleine Teufel – für mich sind es in diesen Tagen kleine Engel. Sie machen mich noch einmal sicherer, das alte Leben ist nun noch ein Stück weiter weg, es ist vorbei, mein Körper baut sich nun nach und nach um. Das erste Testosteron nehme ich am 1. April – auf den Tag genau 21 Jahre nach meiner Hochzeit. Das war zwar Zufall und mir bis zum Zeitpunkt selbst nicht präsent. Und irgendwie passt es dann doch. Es ist schließlich christliche Tradition, alte Daten neu und positiv zu besetzen.

Lebensübergabe

Gewidmet Birgit Mattausch

Alles geordnet
Alles gesammelt
Leben steht bereit
Ich sehe dich
Ich liebe dich
Ein Versprechen
Ich behüte und bewahre dich

Kein Reset
Kein Zurück auf Null
Leben liegt vor mir
jahrzehntevolle Erfahrung
widerstandsbeständiger Lebenswille
Ein Versprechen
Treue in guten wie in schlechten Tagen

Auge in Auge
gegenüber
Hand auf Herz und Rücken
Ich vertraue dir mein Leben an
Ich verdanke dir mein Leben
gracias a la vida

27.03.18

Den Schmerz verstehen

Silke kämpft. Da ist immer noch diese Leere nach ihrem Bruch mit dem evangelikalen Leben. Sie sucht nach dem „richtigen" Glauben und dem Weg dorthin. Sie schreibt die Seminararbeit fertig, flüchtet regelrecht ins Praxisjahr in der Studienmitte. „Arbeitsfeldfremd" soll dieses Praxisjahr sein, nichts mit dem Pfarrerdasein zu tun haben. Silke versucht sich als Immobilienmaklerin. In dieser Zeit hat sie weiterhin engen Kontakt zum Pfarrer aus ihrer Jugendzeit, der inzwischen in der Nähe Erlangens eine Gemeinde hat. Auch er hadert mit dem evangelikalen Gedankengut. Auch er distanziert sich, sie diskutieren Abende lang über Theologisches.

Zu Beginn des Studiums hatte ein Dozent gesagt: Ihr Glaube steht nur auf tönernen Füßen – die zerschlagen wir Ihnen jetzt, anschließend bekommen sie welche aus Stahl. Anfangs hat ihn Silke, noch ganz Pietistin, dafür regelrecht gehasst. Als sie sich später dann doch darauf einlässt, weiß sie, was er gemeint hat. Silke liebt das Theologiestudium, die Uni war ein Raum, in dem sie tatsächlich ein bisschen so sein konnte, wie sie war. Glücklich mit ihrem Leben ist Silke trotzdem nicht. Das Gefühl des Alleinseins ist weiter da, es verschwindet nicht.

Selbst im autonomen Seminar für feministische Frauenliturgie erfährt Silke Ablehnung. Aus der Sicht anderer verhält sie sich „zu männlich". Erste Gedanken kommen bei ihr auf, dass sie vielleicht doch eher auf Frauen als auf Männer steht, lesbisch ist. Doch dann plötzlich hat Silke einen Freund. Wie aus dem Nichts. Sie sitzen zusammen in einem kirchengeschichtlichen Hauptseminar und finden Interesse aneinander. Über in-den-Arm-nehmen geht es dabei aber nicht hinaus. Silke hat keine rechte Idee, wie sie sich richtig verhalten soll, ist unsicher, latent orientierungslos. Auch daran zerbricht diese Beziehung relativ schnell wieder.

Die sexuelle Orientierungslosigkeit Silkes bleibt ihrem Ersatzvater, dem Gemeindepfarrer, nicht verborgen. Silke geht im Pfarrhaus ein und aus, sie ist mit dem Pfarrer und seiner Frau befreundet. Eines Abends geschieht dann das Unfassbare. Das bis dahin völlig harmlose Gespräch dreht sich plötzlich nur noch um das Thema Sexualität, ob Silke auf Frauen oder Männer steht oder auf beides. Plötzlich sagt ihr der Pfarrer, er habe sich verliebt in sie und wolle sie anfassen. Er tut es einfach, Silke ist überrumpelt, lässt es über sich ergehen, pendelt zwischen dem Gefühl, begehrt zu werden, und Abstoßung hin und her. Die Ehe der Pfarrleute gibt es zu diesem Zeitpunkt eigentlich nur noch auf dem Papier, die Frau hat eine Affäre. Silke weiß das. Damit entschuldigt sie vieles, hält den Kontakt aufrecht, schließlich ist das ihre „Familie".

An einem anderen Abend sprechen der Pfarrer und seine Frau das Thema gemeinsam an. Eine Liebesbeziehung zwischen dem Pfarrer und der Studentin sei „keine gute Idee", sie sollten das lassen. Silke ist erleichtert, sie wollte das ohnehin nie. Aber es kommt anders. Nur wenige Wochen später, als der Pfarrer und Silke alleine sind und reden, dreht sich für den Theologen alles nur um Sex. „Du musst jetzt auch mal, sonst bestell' ich Dir einen Callboy", sagt er. Silke will solch ein Gespräch nicht führen, aber sie ist wie gelähmt, verstummt, kauert sich auf dem Sofa zusammen, kann nicht einfach aufstehen und gehen, geschweige denn, ihm widersprechen. Er bedrängt sie, will Sex mit ihr. Der Druck auf die junge Frau ist gewaltig.

An dem Abend kann Silke der bedrohlichen Situation noch einmal entkommen – dabei bleibt es allerdings nicht. Die emotionale Abhängigkeit zum Ersatzvater treibt sie dazu, weiter Kontakt zu suchen. Schließlich ruft sie ihn an, willigt ein, kurze Zeit später ist er bei ihr. Silke erlebt alles wie im Film. Sie dreht sich weg, dissoziiert, der Pfarrer macht einfach weiter. Danach fährt sie ihn wieder nach Hause zu seiner Frau, er ringt ihr dabei noch im Auto ein Schweigegebot ab, er würde alles abstreiten, wenn sie davon erzählt. Silke schweigt. Sie hofft, die Sache ist damit erledigt, der Pfarrer zufrieden. Aber der Missbrauch geht weiter.

Die Situation belastet Silke enorm. Manchmal hat sie das Gefühl, es sei ein Knoten in ihrer Zunge. Sie entwickelt Blockaden beim Sprechen, ihr Praktikum beim Immobilienmakler vergeigt sie unter anderem deshalb, bei Wohnungsbesichtigungen und Verkaufsgesprächen blockiert immer wieder die Zunge. Sie wird in den Innendienst versetzt. Der Pfarrer bedrängt sie währenddessen weiter. Sie will weiter Kontakt zu ihm, aber nicht sexuell. Doch er bleibt hartnäckig. Er spielt die ganze Klaviatur der emotionalen Abhängigkeit, hält sich Silke gefügig. Sie spielt mit. Widerwillig, aber ohnmächtig. Ein einziges Mal vertraut sich die junge Frau einem anderen gemeinsamen Bekannten an – doch der fällt ihr bei einem Dreiergespräch mit dem Pfarrer in den Rücken, schlägt sich auf seine Seite, glaubt seiner Darstellung, Silke hätte ihn doch aufgefordert.

Juristisch ist das alles schwer angreifbar. Silke ist volljährig, nicht geisteskrank, die Gesetze damals so, dass ein einfaches „Nein" nicht ausreicht. Eine emotionale Abhängigkeit ist juristisch betrachtet ebenfalls unerheblich. Für die Täter ist es damals ein Leichtes, nicht verurteilt zu werden, sofern sie ihre Opfer nicht ans Bett fesseln oder sie sonstwie ihrer Freiheit berauben. Für Silke gibt es kein Entkommen. Sie ist ihrem Täter ausgeliefert.

In dieser Zeit, 1994 und 1995, drängen sich die Suizidgedanken massiver denn je in ihr Leben. Sie fährt ziemlich risikobereit Auto, ihr ist völlig egal, ob sie auf den Landstraßen zwischen Forchheim und Bayreuth in der Fränkischen Schweiz die Kurven kriegt. In dieser Zeit trifft sie bei einem Heimatbesuch einen Schulfreund wieder. Kurz vor dem Abitur waren sich Silke und er schon mal etwas näher gekommen – doch ein Paar waren sie nie. Auch körperlich lief nichts. Das ist jetzt anders. So unvorstellbar es klingen mag: Durch die heftigen Erlebnisse mit dem Pfarrer hat Silke gelernt, körperliche Nähe zu ertragen. Das erleichtert ihr den „Einstieg" in die Beziehung mit dem Jugendfreund.

Eine Zeitlang läuft das Ganze parallel. Der Freund studiert an einem anderen Ort. Der Pfarrer findet nichts dabei, eine Affäre mit Silke zu haben, obwohl sie einen Freund hat. Mehrmals treffen sie sich. Der Freund weiß von nichts. Sobald sie heiraten, würde er seine Finger von ihr lassen, sagt der Pfarrer. Für Silke ist diese Aussage unterbewusst eine Art Rettung und Ausweg. Sie stürzt sich in die neue Beziehung, am

1. April 1997 heiratet das Paar, der Pfarrer hält Wort und zieht sich aus Silkes Leben zurück. Silke erfüllt sich damit scheinbar ihre große Sehnsucht nach einer heilen Familie, mit Sonntagskaffee bei der Schwiegermutter. Glücklich ist sie jedoch nicht in dieser Zeit. Sie macht sich Vorwürfe. Sie glaubt, Verbotenes getan und ihren Mann betrogen zu haben. Inzwischen ist sie im Vorbereitungsdienst auf dem Weg zur Pfarrerin angekommen. Ausgerechnet in der Nähe von Bayreuth wird sie eingesetzt. Alte Erinnerungen kommen hoch. Moralische Schuld legt sich auf ihre Schultern. Auch die Sprechblockaden sind wieder da.

Eines Abends, als sie in Bayreuth einen Film über den englischen Baptistenpastor Charles Spurgeon sieht, bricht sie zusammen. Am Ende des Filmes sitzt der Vater mit seinem kleinen Sohn auf dem Dachboden des Hauses. Die Mutter war gestorben und der Junge hat sich dort versteckt. In einer großen Truhe hat er Erinnerungen an seine Mutter gesammelt. Silke findet sich in dem Jungen wieder und wünscht sich nichts mehr als einen Vater, mit dem sie über alles reden kann. Tränenüberströmt sitzt sie im Kinosaal. Die Bilder auf der Leinwand lösen bei ihr einen Flashback in die Kindheit aus. Mit ihrem Ehemann will und kann sie zu diesem Zeitpunkt nicht über all das reden, was sie belastet: ihre Kindheit, der frühe Tod des Vaters, der Missbrauch. Sie spricht die halbe Nacht mit einem Vertrauensmann aus der Gemeinde. Sie stellt dabei den Missbrauch als „Affäre" dar, die parallel zur frischen Beziehung mit ihrem jetzigen Ehemann lief. Er ermutigt sie, offen mit ihrem Mann darüber zu reden. Silke nimmt allen Mut zusammen und berichtet ihrem Partner davon. Wieder ist der Missbrauch, der sie so belastet, in ihrer Erzählung eine Affäre. Ihr Mann findet das alles gar nicht so schlimm. Silke ist irritiert, denn für sie ist gar nichts okay. Immer wieder hat sie Sprachblockaden. Die Angst vor dem nächsten Sonntag steigt. Was, wenn das auf der Kanzel oder am Altar passiert?

Silke ist ratlos. Und fühlt sich alleine. Wieder mal. Sie lebt ihr Leben manchmal fast wie ferngesteuert, aufgerieben zwischen ihrer Verantwortung im Job als Gemeindepfarrerin, den immer wiederkehrenden schrecklichen Gedanken an den sexuellen Missbrauch, ihrer unglücklichen Ehe mit einem Mann, der nicht mal ansatzweise bemerkt, wie sehr Silke leidet, ihrer Unzufriedenheit und Rastlosigkeit im eigenen Körper, mit ihrer sexuellen Orientierung. Wenn dann doch einmal jemand merkt, dass auf ihren Schultern eine enorme Last liegt, schiebt Silke das auf den frühen Tod ihres Vaters – ein für Außenstehende immer nachvollziehbares Argument. Dass sich da gerade eine schwerwiegende Depression breitmacht, ist ihr nicht klar.

Am Ende des Vorbereitungsdienstes steht die Ordination an. Die Berufung zum lebenslangen Dienst als Pfarrer. Ein wechselseitiges Verpflichten von Kandidat und Landeskirche. Aber für Silke steckt noch mehr drin. Am Abend vor der Ordination ist sie lange in der Kirche. Zwischen der Entscheidung für das Studium und dem Vorabend vor der Ordination ist viel passiert, zu viel, um so einfach zum nächsten logischen Schritt im Berufsleben übergehen zu können. Sie ringt mit sich, mit Gott. Letzten Endes ist er der, der beruft und beauftragt. Ohne Gottes Segen geht es nicht. Sie betet. „Gott, du weißt, wer ich bin, du weißt, auf wen du dich da einlässt. Wenn du mich willst, dann brauche ich deinen Segen und deine Kraft." Spät am Abend hat sie endlich Gewissheit. Am nächsten Morgen bei der Segnung gibt ihr eine Assistentin ein Wort aus dem Buch Jesaja mit auf den Weg:

„Fürchte dich nicht, ich habe dich erlöst,
ich habe dich bei deinem Namen gerufen, du bist mein.
Und wenn du durchs Feuer gehst bin ich bei dir,
dass dich die Flammen nicht versengen.
Und wenn du durchs Wasser gehst, sollen dich die
Fluten nicht ersäufen."

(Jesaja 43,2)

Worte, die ihr Mut machen, in allen Brüchen des bisherigen Lebens Gott zu suchen und zu finden, als den, der mitgeht.

Doch daneben wird es wieder eng. Ihre unglückliche Ehe wird immer verfahrener. Ihr Mann beendet sein Studium einfach nicht. Als „freischaffender Historiker" hat er kaum Einnahmen, sie schleppt ihn finanziell als junge Gemeindepfarrerin mit durch. Im Haushalt beteiligt er sich faktisch nicht, stellt dafür aber Ansprüche und kritisiert immer wieder ihre azyklischen Arbeitszeiten. Silke verteidigt ihn trotzdem. Gegenüber dessen Eltern, gegenüber dem Kirchenvorstand, der fragt, was „der Pfarrmann" eigentlich den ganzen Tag über so treibt. Nach einem Gottesdienst verabschiedet sich der Organist freundlich besorgt von ihr mit den Worten: „Grüße an deinen Hund und deinen Mann". Sie spürt sein Mitgefühl und Verständnis für die Reihenfolge der Grüße. Bei den sommerlichen Chorwanderungen ist der Schäferhund ihr treuer Begleiter. Der Mann bleibt zuhause, wie so oft. In der Gemeinde engagiert sich der Ehemann kaum, stattdessen zieht er sich mehr und mehr in seine Welt zurück.

Dass Silke fast zehn Jahre braucht, um aus dieser unglücklichen Ehe auszubrechen, hat mehrere Gründe. Zum einen natürlich: der Schein. Eine Pfarrerin hat einen Mann zu haben. Zumindest damals noch und im pietistischen Oberfranken sowieso. Zudem mag sie ihre Schwiegereltern. Silke ist für den Schwiegervater der Sohn, den er nie hatte. Sie fühlt sich dort immer wohl, angenommen. In den Schwiegereltern hat sie eine Familie. Dagegen steht der egozentrische Habitus ihres Mannes, seine Unverschämtheiten.

Es kommt der Tag, an dem sie sich beim Fußball einen Kreuzbandriss zuzieht. Im Dezember 2006 wird sie operiert. Wochenlang liegt sie auf dem Sofa. Zeit zum Nachdenken. Die Wäscheberge wachsen. Eine Freundin meint, dass die Schmutztoleranz in der Wohnung der Pfarrerin schon sehr hoch sei. Der Stachel sitzt tief. Sie kann sich nicht um alles kümmern, schon gar nicht auf Gehstützen, und muss es doch tun. Kurz vor dem zehnten Hochzeitstag will Silke nicht mehr – aber noch sucht sie nach dem richtigen Ausweg.

Im Gespräch mit einer Supervisorin, die auch Therapeutin ist, erzählt sie am Rande von ihren sexuellen Phantasien. Und dass darin nur Frauen vorkommen. Silkes Idee ist: „Verdammt, ich stecke im falschen Körper!" Doch als sie das der Therapeutin erzählt, winkt die ab. Es könne doch auch sein, dass sie lesbisch sei. Den Rest der Stunde sprechen sie über lesbisches Leben und Sein. Mit diesen Gedanken fährt Silke heim zu ihrem Mann. „Aha, spannend, bin ich also lesbisch. Was mache ich jetzt damit?", denkt Silke sich. Sie grübelt nach, wie das mit ihrem Beruf funktionieren soll, was das für ihr Leben heißt. Es stehen viele Fragezeichen im Raum – nur eines ist für sie klar: Diese Ehe hat keine Zukunft. Sie vertraut sich den Vorgesetzten vor Ort und im Kirchenkreis an. Scheidung im Pfarrhaus hat Folgen für den Beruf. Sie findet Verständnis und Unterstützung. Dann hat sie endlich den Mut zum Handeln. Sie will sich trennen. Schnell.

Silke erzählt ihrem Mann, dass sie lesbisch sei. Er will das zunächst nicht wahrhaben, macht ihr eine Szene. Er besteht darauf, dass eine Ehe für immer und ewig halten müsse. Dass er sich in der Ehe selbst völlig unmöglich verhalten hat, will er sich allerdings nicht eingestehen. Schließlich packt er seine Sachen und geht zu seinen Eltern. Er fühlt sich gekränkt, aber nicht als „Versager" – schließlich hat er seine Ehefrau ja nicht an einen anderen Mann verloren, sondern „nur" an andere Frauen. Silke sieht ihren Mann danach nur noch einmal. Vor Gericht, als es um die Rente geht. 240 Euro an Rentenanteilen bekommt er zugesprochen. Dafür, dass sie ihn zehn Jahre mitgeschleppt und ernährt hat. Viel Geld, aber das ist Silke ihre Freiheit wert.

Mann sein, Mann werden

Seit fast zwei Monaten ist es nun Teil meines Lebens. Ein Ritual. Jeden Morgen. Zwei Pumphiebe, dann auf den Oberarmen eincremen. Das Gel zieht schnell in die Haut ein, wie eine Sportsalbe. So wird das nun sein, für den Rest meines Lebens. Ohne das Testosteron aus dem Spender kann mein Stoffwechsel nicht das sein, was ich bin: ein Mann. Es wird mich begleiten. Hormonpräparate sind Spiegelmedikamente, sie müssen regelmäßig angewendet werden, um den Hormonspiegel aufrecht zu erhalten. Es ist egal, wann man das Gel nimmt. Für mich gehört es inzwischen zu meinem Tagesablauf am Morgen fest dazu. Nach dem Duschen, wie eine Tasse Kaffee.

Darf man Gott ins Handwerk pfuschen? Diese Frage habe ich mir, haben andere mir in den letzten Wochen und Monaten gestellt. Mein Körper wird sich unter Testosteron umbauen, Operationen werden den Prozess ergänzen. Vereinzelt erreichen mich Briefe von Menschen, die im evangelikalen Glauben geborgen und zuhause sind. Sie fordern mich auf, mich so zu akzeptieren, wie Gott mich geschaffen hat. Ich nehme die Frage durchaus ernst und überlege: Welchen Teil meinen sie? Und sie meinen damit das sichtbare Äußere. Aber meine Identität, Gehirnaktivitäten, sprechen ja eine andere Sprache. Fast fühlt es sich so an, als konnte Gott sich bei mir nicht entscheiden. Ist *das* sein Wille? Man könnte natürlich auch versuchen, das Gehirn dem Körper anzupassen, aber nicht nur für mich ist das vollkommen jenseits aller Vorstellungskraft.

Hinter der Aufforderung, nichts zu ändern, höre ich die Überzeugung oder Hoffnung, Gott mache keine Fehler. Diesen Satz kann ich durchaus unterschreiben. Gleichzeitig ist der menschliche Körper so vielfältig und variantenreich, und mitunter muss man ihm medizinisch helfen, damit der Mensch, der in diesem Körper steckt, gut leben kann. Das gilt auch für die Menschen, denen lebenswichtige Hormone fehlen, Insulin, Testosteron, Östrogen, Schilddrüsenhormone.

Mir fehlt Testosteron, darum führe ich es von nun an meinem Körper von außen zu. Von den Wirkstoffen direkt merke ich inzwischen weniger. Keine Nebenwirkungen, zum Glück. Andere Transsexuelle klagen über Übelkeit, starke Kopfschmerzen, Akne. Das Kribbeln der ersten Tage nach dem Auftragen des Gels ist weg. Aber ich spüre, wie mein Körper sich verändert.

Meine Muskelkraft hat deutlich zugenommen. Ich bin seit Jahren Bogenschütze. Neben Konzentration und Körperbeherrschung ist diese Sportart auch eine Frage der Kraft. Jahrelang habe ich mit vergleichsweise starken Wurfarmen geschossen, für die ich viel Kraft brauchte. Interessanterweise habe ich schon immer mehr körperliche Kraft gehabt als andere Frauen in meinem Umfeld. Nach einem Unfall und Problemen in der Schultermuskulatur vor einigen Monaten habe ich schwächere Wurfarme auf den Bogen montiert. Nach zwei Wochen Testosteron wollte ich es wissen und habe die starken Wurfarme in die Verankerung gesteckt, 34 englische Pfund statt vorher 28, das sind umgerechnet etwa 17 Kilo – und ziehe sie mit der neuen Kraft sehr gemütlich nach hinten. Vor ein paar Monaten wäre das so noch nicht denkbar gewesen. Ich weiß: In der Damenklasse habe ich jetzt auch sportlich endgültig nichts mehr zu suchen.

Im Januar 2018 hatte ich beim Bayerischen Sportschützenbund den Antrag gestellt, dass ich in die Herrenklasse wechseln darf. Schon Wochen zuvor hatte ich bei der Deutschen Gesellschaft für Transidentität einen Ergänzungsausweis beantragt. Darauf steht mein männlicher Vorname, als Geschlechtsmerkmal ist männlich eingetragen. Für amtliche Kontrollen steht die Nummer des Personalausweises drauf. Mit diesem Ausweis kann ich mich an mehreren Stellen unproblematisch als Mann registrieren lassen, manchmal braucht es ein paar Erklärungen. Zu meiner eigenen Überraschung reagiert der Sportschützenbund unkompliziert und schnell. Was für ein Geschenk. Eine meiner großen Fragen im letzten Sommer war, ob ich nun mit dem Wettkampfsport aufhören müsste. Mein Verdacht war: mindestens bis nach dem Gerichtsbeschluss zur Vornamensänderung. Ein schwerer Verzicht, ich hätte ihn in Kauf genommen, wie so vieles in diesem Jahr. Und wieder ist es anders. Ich habe den geänderten Sportschützenausweis in der Hand, den ich bei jedem Wettkampf vorzeigen muss. Nun kann ich auch im Übergang im Wettkampfsport bleiben und bereits die ganze Saison über in der Herrenklasse schießen. Ende Mai habe ich die erforderliche Ringzahl für die Bayerische Meisterschaft geschossen. Ich hätte nie gedacht, dass sich die Hormontherapie derart schnell auf meinen Körper auswirkt und ich die Voraussetzungen für die Teilnahme an der Meisterschaft schon im ersten Jahr schaffe.

Und jetzt ist alles ganz einfach? Von wegen! Der Köperumbau fordert mich heraus. Zweite Pubertät, mit allem Drum und Dran, auch Stimmbruch. Die Stimme kratzt, ich treffe die Töne nicht mehr zuverlässig. Ich kann die Konfirmanden jetzt besser verstehen, wenn sie in der Kirche nicht vorlesen und nicht vorsingen wollen. Ich beschließe, mit dem Liturgiesingen zu pausieren. Schweren Herzens, aber die Stimme kommt in den Stimmbruch, verändert sich. Es wird wohl ein Jahr dauern, bis ich in der neuen Stimme angekommen bin.

Was genau die Hormone mit meinem Aussehen machen, das kann ich nicht beurteilen. Ich sehe mich ja täglich im Spiegel. Aber nun schaue ich genauer hin, ob nicht im Gesicht doch vielleicht die ersten Härchen an Stellen kommen, wo vorher noch keine waren. Ich freue mich darauf, irgendwann einen Bart zu tragen. Ob Mann das braucht, um sich ganz richtig zu fühlen? Viele meiner Weggefährten empfinden das so. Und ich bilde da keine Ausnahme – das mit dem Bart ist mir wichtig.

Ich erlebe seit dem 1. April eine Art Pubertät im Eiltempo. Manchmal braucht das viel Selbstdisziplin. Aber auch das erlebe ich: Ich bin sehr viel gelassener. Viel klarer und strukturierter im Denken. Ich kann besser mit Kritik umgehen, sie kommt anders bei mir an, sie verletzt mich nicht mehr persönlich. Ich stelle nicht gleich den Beziehungsstatus in Frage, wenn es Meinungsverschiedenheiten gibt. Das ist neu. Mein Denken passt immer besser zu meinen Gefühlen und umgekehrt. Ich habe oft gelesen und gehört, dass Männer anders kämpfen, konkurrieren, streiten. Manches davon habe ich schon immer gelebt. Und nun kann ich es noch viel besser nachvollziehen. Seitdem nicht mehr Östrogen sondern Testosteron meinen Hormonhaushalt bestimmt, ist mein Leben, Denken und Fühlen linearer geworden.

Was aber auch stimmt, was andere auf dem Weg ähnlich beschreiben, selbst wenn es ein wenig klischeehaft klingt: Im Bereich Sexualität brauche ich mehr Selbstkontrolle und Disziplin. Sommer, Hitze, schönes Wetter, kurze Kleidung, man schaut Frauen anders an, Kopfkino – und alles wegen und dank ein paar Hormonen in einem unscheinbaren Gel. Mein Körper reagiert auf solche Reize. Nun verstehe ich die Not der jungen Kollegen an der Schule besser. Die unterrichtsfreie Phase nach dem Abitur an der Fachoberschule kommt genau richtig. Zeit, mich zu sortieren und mich kennenzulernen. In meine soziale Rolle hinein zu finden.

Und dann gibt es Rollen, die ich ganz selbstverständlich weiter ausfülle. Es ist Christi Himmelfahrt. Wir haben uns im Kirchenvorstand entschieden, den Gottesdienst auf der Baustelle zu feiern. Die Rohbauarbeiten sind fast abgeschlossen, das Dach ist drauf, neue Fensteröffnungen sind drin, es werden erste Konturen des neuen Kirchenraumes sichtbar. In diesem Gottesdienst verschließen wir eine Grundsteinkassette, in der wir den Übergang dokumentieren. Ich unterschreibe die Urkunde. Selbstverständlich mit neuem Namen. Es sind viele gekommen an diesem Morgen. Ein gutes Gefühl, wieder „zuhause" zu sein, auch wenn da alles noch im Rohzustand ist. Staubschichten bedecken Boden und Kleidung, auch den schwarzen Talar des Pfarrers. Einer ist da, der im letzten Sommer auf Distanz zu mir gegangen ist. Klopft mir auf die Schulter, fragt, wie es geht. Gänsehaut! Die Stimmung ist fröhlich, fast ausgelassen. Die Vorfreude darauf, dass wir im nächsten Frühjahr in dieses Haus zurückkehren, ist spürbar.

Irgendwann mittags bin ich allein im Kirchenraum, und es zwingt mich auf den Boden. Als wir im September ausgezogen sind, war für mich alles offen. Würde ich je in diese Kirche zurückkehren? Und wenn ja, als wer? Säße ich verschämt in der letzten Reihe, geduldet, oder wäre ich noch Pfarrer dieser Gemeinde? Und nun habe ich diesen Gottesdienst geleitet. Grundsteinlegung. Selbstverständlich. Pfarrer Sebastian Wolfrum, Christuskirche Veitshöchheim. Ein tiefes Gefühl von Dankbarkeit und Demut durchdringt mich.

Demut

Staub
zieht mich zu sich
überzieht Gebein und Rücken
bedeckt Hand und Gesicht
eingenommen

staubbedeckt
staubgeworden
instaubgeworfen
staubbeheimatet
vertraut
anders

ich demütige mich
unter die starke Hand
Gottes
aus frei atmendem Herzen
und tiefstem Verlangen
nichts erwartend
alles erbitten
Gnade

10.05.2018

Wenn ich auf die Fotos von diesem Tag blicke, drängt sich aber auch wieder das andere Thema nach vorne: Meine Körperhülle ist noch lange nicht beim Mann angekommen, auch wenn die Stimme tiefer wird und der Oberlippenbart Konturen annimmt. Ich will mehr.

An den Fristen für geschlechtsangleichende Operationen ist in Deutschland nicht zu rütteln. Wir müssen warten. Eineinhalb zähe Jahre nach Start der Therapie, das wäre bei mir frühestens im März 2019. Die Krankenkasse und der Medizinische Dienst der Krankenkassen müssen zustimmen. Und dann muss das Ganze auch irgendwie in mein restliches Leben passen. Ich bin nicht nur der transidente Sebastian. Ich habe einen Job, ich habe Verantwortung, ich bin Seelsorger. Meine Gemeinde hat viel Verständnis für mich aufgebracht seit Ende 2017 – das kann und will ich auch nicht überstrapazieren. Ich wälze den Kalender. Nach der Konfirmation, nach dem Abitur an der Fachoberschule, an der ich unterrichte, das könnte realistisch sein, also Juli 2019. Für die erste nötige Operation von vielen.

Klar ist für mich: die weibliche Brust muss weg. Das tägliche Abbinden nervt. Binder, die wie hautenge T-Shirts anliegen, halten den Oberkörper flach. Sie pressen sich an. In den ersten Wochen kämpfe ich deswegen mit Rückenschmerzen, bis die Muskulatur sich an die Kompression gewöhnt hat. Im hitzerekordverdächtigen Sommer 2018 ist das allerdings eine Qual, und ich sehne den Tag herbei, an dem ich befreit bin.

Alles weitere, da bin ich mir noch unsicher. Die Frage ist: Was will man und was braucht man im Genitalbereich? Das ist nicht nur eine sehr intime Frage, sondern auch eine sehr komplizierte. Die OPs dauern lange und die Komplikationen dabei mannigfaltig. Beispielsweise: Will man nur unerkannt in Schwimmbad und Sauna unterwegs sein? Oder soll der spätere Penis auch eine sexuelle Funktion haben? Vieles muss im frühen Stadium entschieden werden, denn die Operationsmethoden, die zu Beginn gewählt werden, bestimmen den späteren Funktionsumfang.

Ich bin froh, diese Fragen nicht einsam klären zu müssen. Selbsthilfegruppen und Internetportale unterstützen mich dabei. Der Austausch mit den anderen Männern, ihre Fragen und Zweifel, ihre Erfahrungen darüber, was gelungen ist und was nicht – das alles hilft sehr. Manchmal frage ich mich, wie Menschen, wie ich, früher, vor den Zeiten des Internets, ihr Leben bewältigt haben. Ich weiß, viele haben es nicht geschafft. Und die, die es geschafft haben, haben meinen größten Respekt.

Es gibt kein richtiges Leben im Falschen

Nach ihrem lesbischen Outing geht es Silke blendend. Voller Euphorie, nun endlich eine Lösung für die vielen Probleme ihres Lebens gefunden zu haben, taucht sie in die lesbische Szene ein. Da gibt es viel Schönes. Doch schon bald läuft Silke wieder auf. Die Szene ist bunt und pocht auf Toleranz – Silke geht zum Lesben-Stammtisch nach Nürnberg und erlebt dort, wie Männer als Klassenfeinde herabgewürdigt werden. Diese Ablehnung, die Definition durch Abgrenzung, dieses „Als Frauen brauchen wir die Männer nicht" versteht sie nicht. Silke hat in der Zeit als heterosexuelle Frau nie Zündkerzen gewechselt und will es auch jetzt nicht tun. Macht das etwa das Lesbischsein aus? Silke verkneift sich ihre Fragen. Die Suizidgedanken und Depressionen aber, die sie so lange begleitet haben, sind erst einmal weg, sie fühlt sich wohler, weil sie nicht einfach mehr alles mit sich machen lässt. Gewaltphantasien jedoch bleiben ihr stetiger Begleiter.

Dennoch kann sie ihren Beruf als Gemeindepfarrerin

freier ausüben. Nach der Trennung hat sie keinen privaten Druck mehr. Aber in Oberfranken kann und will sie nicht offen lesbisch leben. Nur die Vorgesetzen und Freunde wissen davon. Ende 2008 bahnt sich ihre erste Beziehung mit einer Frau an, beide haben sich über ein christliches Lesben-Netzwerk kennengelernt. Silke und ihre Freundin führen eine Wochenendbeziehung. Sie ist katholische Theologin, arbeitet als Religionslehrerin in Westen der Republik, war lange in der Jugendarbeit tätig. Silke versucht, aus dem konservativen Oberfranken wegzukommen, doch das ist nicht so leicht. Sie will nach Nürnberg, kann dort aber nicht landen, schließlich wird ein Wechsel ins Dekanat Würzburg möglich. 2010 tritt sie ihre neue Pfarrstelle in Veitshöchheim an. Auch dort ist ihre sexuelle Orientierung erst einmal nicht bekannt. Nach und nach informiert sie den Kirchenvorstand, Probleme gibt es keine.

Im selben Jahr kocht die Missbrauchsdebatte hoch. Fälle an der Odenwaldschule und dem Canisiuskolleg werden bekannt. Über die Berichte im Fernsehen und in den Zeitungen kommen die Flashbacks bei Silke. Wieder einmal tut sich ein finsteres Tal auf. Und die Erinnerungen an dunkle Zeiten werden wach. Der evangelikale Gemeindepfarrer, die Vaterfigur, der sie emotional und sexuell lange Zeit missbraucht hat, drängt sich als schrecklicher Flashback wieder einmal in ihr

Leben. Silkes Geschichte überlagert ihre neue Beziehung. Doch ihre Freundin hat dafür großes Verständnis. Nicht nur, weil sie ein Kümmer-Typ ist, sondern auch, weil sie beruflich jahrelang mit dem Thema zu tun hatte. Sie unterstützt Silke in dieser schwierigen Zeit, projiziert aber auch viele eigene Themen und Erfahrungen auf das, was Silke widerfahren ist. Auch die Auseinandersetzung mit der eigenen Familie wird Thema. Silke erfährt auch hier Hilfe von ihrer Partnerin. Sie übernimmt die Initiative, wo Silke keine Kraft mehr hat. Manchmal wird ihr das zu viel. Die Freundin bemuttert die Pfarrerin fast schon, erwartet dafür aber auch fast bedingungslose Liebe. Dieser Druck wird für Silke bald zu groß. Es fängt an zu knirschen.

In dieser Zeit passieren Silke Fehler. Sie kann manchmal nicht mehr klar denken und kommunizieren. In ihrer Kirchengemeinde gibt es Schwierigkeiten. Ein Teil des Kirchenvorstandes stellt sich gegen Silke, Gemeindeglieder berichten von einer Unterschriftenaktion gegen sie, weil sie „homosexuell ist und nicht singen kann". Das alles trifft Silke sehr, sie rutscht Ende 2011 in eine handfeste Depression. Im Frühsommer 2012 schafft sie es, all ihren Mut zusammenzunehmen und sich dem stellvertretenden Dekan anzuvertrauen. Sie berichtet vom Missbrauch, dem Grund für ihre zunehmenden psychischen Probleme – und hofft auf Hilfe. Er ist betroffen, hört zu, hat Verständnis. Und schlägt vor, die Dekanin zu informieren. Das Gespräch erlebt sie alles andere als unterstützend. Im Gegenteil. Silke soll nicht darüber sprechen, das Vergangene ruhen lassen. Wieder ein Schweigegebot. Wieder ein ordiniertes Mitglied der Evangelischen Kirche, von dem dieses kommt. Einen notwendigen Klinikaufenthalt soll sie hinter einer großen Knieoperation verstecken, die ebenfalls Reha-Zeit braucht. Was als wohlmeinender Versuch gedacht war, die Pfarrerin vor neugierigen Fragen zu schützen, bewirkt bei Silke genau das Gegenteil. Fassungslos, enttäuscht und verletzt zieht sie sich zurück.

In diesen Monaten wird ein neuer Kirchenvorstand gewählt. Von ihrer Krankheit soll sie nichts erzählen. Sie tut es trotzdem, um den Kandidatinnen und Kandidaten ein Minimum an Vertrauen möglich zu machen. Ein erster Schritt zur Selbstbestimmung. Nach dem Klinikaufenthalt spricht sie ihre Geschichte im Kirchenvorstand offen an. Die Kirchenvorsteher*innen bedanken sich für das Vertrauen und wundern sich zugleich, dass Silke ihren Beruf nie infrage gestellt hat. Sie selbst weiß, es ist ihre Berufung, die sie trägt. Gottes Ja, Stecken und Stab, Begleitung in den Höhen und Tiefen des Lebens. Es ist der Beginn einer jahrelangen vertrauensvollen Zusammenarbeit, die später noch wichtig werden soll.

In ihrer Beziehung aber kriselt es immer stärker. Immer häufiger knallt es zwischen den beiden. Immer wieder wird Silke vorgeworfen, sich falsch, gefühlskalt zu verhalten – sie schiebt es dann auf den frühen Tod des Vaters, ihre ganze Lebensgeschichte oder eben auch auf psychische Probleme. Gefühle zeigen kann sie nur bedingt, mit den eigenen Gefühlen und denen anderer umgehen kann sie nur schwer. In dieser Zeit träumt Silke einen Traum: Sie ist schwanger. Zum Zeitpunkt der Geburt geht sie in die Klinik. Sie bringt ein Kind zur Welt und übergibt es der Hebamme. Dann steht sie auf, geht durch die Tür der Klinik auf den Flur und – ist ein Mann.

Völlig verwirrt erzählt sie den Traum ihrer Freundin. Wieder einmal blitzt ihr wahres Sein auf, hat aber keinen Platz. Die Beziehung ist schon zu verfahren, um irgendwie darüber reden zu können. Anfang 2014 kommt es dann zum Bruch. Silke muss sich ein Metall aus dem Knie entfernen lassen. Wieder sitzt sie viel herum. Diesmal aber in der Wohnung ihrer Freundin. Mehr und mehr merkt sie: Es passt nicht mehr. Gegenseitige Verletzungen und Unverständnis nehmen zu, schlagen Wunden. Das Paar trennt sich. Für Silke sind Beziehungen erst einmal passé.

Gleichzeitig stellt sie sich viele Fragen: Warum hat diese Beziehung nicht funktioniert? Wird eine andere funktionieren? Warum ecke ich mit meinem Verhalten immer wieder an? Sie erlebt sich als „zu männlich" – aus Sicht der anderen. Im Rückblick erlebt sie sich gewollt und falsch zugleich. Ihre Freundin hatte einen Sohn. Als sie sich kennenlernten, war er zwölf Jahre alt. Mit Silke konnte und wollte er vieles tun, was mit der eigenen Mutter nicht so ging, weil es uncool war: Sport machen, Turnschuhe kaufen, dicke Steaks grillen. Silke ist gerne die Starke, an die man sich anlehnen kann, die alles regelt – nach außen jedenfalls. Das hat ihre Partnerin genossen. Sie vermisst an Silke allerdings das Emotionale, das Frauen oft haben.

Noch viel gravierender aber ist diese Abgrenzung zum Männlichen, die Silke partout nicht versteht. Bei ihrer Partnerin war das stark ausgeprägt, sicher aufgrund eigener Erfahrungen. Sich in ihrem Sein durch die Abgrenzung zum Männlichen zu definieren, ist Silke fremd. Dass sie wegen ihres Geschlechts etwa beruflich einmal benachteiligt worden sein soll, daran kann sie sich nicht erinnern. Schließlich kommt noch die äußere Seite hinzu. Silke trägt Hosen. Gerne Jackett. Punkt. Sie hat einen breiten männlichen Gang. Sie will keine Kleider und Röcke tragen, auch wenn sie ihr vielleicht sogar stehen würden. Auch das sorgt immer wieder für Stress, weil ihre Partnerin einen „feminineren Look" möchte.

Als ihre Freundin die Beziehung beendet, ist der Schnitt klar und scharf. Ihre Ex-Partnerin bricht jeden Kontakt ab. Auch der Sohn meldet sich nicht mehr. Das trifft Silke fast noch mehr als das Ende der Beziehung. Für sie war der Junge wie ein Ersatzkind – sie hat wieder einmal enorme Schuldgefühle. Sie reflektiert ihr Verhalten. Egoistisch war sie in der Beziehung, hat zu oft ihr eigenes Ding gemacht. Aber alleine will sie sich die Schuld am Beziehungs-Aus nicht geben – und nicht geben lassen. Zu bemutternd, zu fordernd hat sie ihre Partnerin erlebt. Aber auch das andere ist klar: Sie kann und will das Männliche einfach nicht ablegen. Trotzdem: Jetzt ist Silke wieder alleine.

gewesen sein werden

Tentakelarme hydrenhaften Charakters
vermehren sich Schlag auf Schlag
saugen Nahrung zapfen Energie
aus gegenwärtig gehaltenem Gestern

der Kampf mit dem Schwert
vergebliches Unterfangen
verbergen hinter Masken
wird alsbald enttarnt
den Kräften sich windend entziehen
führt nur tiefer hinein in den Sog

es taugt nur
der Geschichte ihren Platz
im Regal der Erinnerung zuzuweisen
Rechten und Rache in andere Hände zu betten

und in der verwachsenen Narbe
und in der geschlossenen Wunde
und in dem geflickten Herzen
Spuren durchgetragenen Lebens entdecken
und der Verheißung zu trauen
dass Feuer nicht verbrennt
dass Fluten nicht ertränken

und dass im gerufenen Namen
wollen
lieben
begleiten
Ton und Klang und Fundament
Vergangenheit
Gegenwart
Zukunft
haben gehabt haben und haben werden

28.02. / 3.03.17

Sebastian Finn Lorenz, männlich

Die Mail vom 13. Mai 2018 hat es in sich, das weiß ich. Ich musste meinem Umfeld nochmal einen Wechsel zumuten. Seit meinem Outing im Oktober 2017 will ich nicht mehr Silke genannt werden. Ich habe mich als transidenter Mann vor meiner Gemeinde geoutet, wollte fortan Finn genannt werden. Unterschrieben habe ich seither mit Finn S. Wolfrum. „S" stand dabei offiziell für Silke, damit meine Unterschrift halbwegs noch rechtssicher war. In meinem Kopf stand „S" schon früh für Sebastian. Finn war als Vorname nur zweite Wahl. Ich mag den Namen, ich habe ihn mir ja ausgesucht. Aber eigentlich will ich anders heißen.

In den ersten Wochen meines Suchens war ich mir noch nicht sicher, wohin die Reise geht. Ich wollte anfangs einen Namen, der nicht eindeutig einem Geschlecht zugeordnet werden kann. Wenn Eltern ihr Kind Finn nennen, verlangen die Standesbeamten oft noch einen geschlechtlich eindeutigen Zweitnamen. Daneben wollte ich einen „S-Namen", um die Initialen irgendwie behalten zu können. Sebastian war früh da, einfach so.

Sebastian war aber auch schon vorher da, nämlich vielfach in meinem nahen Umfeld. Ein guter Freund einer engen Freundin heißt Sebastian. Sie hat mich den ganzen Sommer 2017 über während meiner Suchphase begleitet. Wie ist das für sie, zwei Sebastians im nahen Umfeld zu haben? Der Schwiegersohn meiner Sekretärin heißt Sebastian. Der Sohn einer Kollegin auch. Zu viele, dachte ich damals. Es gibt transidente Menschen, die davon berichten, dass Freundschaften zerbrochen sind, weil sie sich für den „falschen" Namen entschieden und Menschen in ihrem Umfeld damit überfordert oder auch verletzt haben. Davor hatte ich große Angst. Ich hatte nicht den Mut, neben meinem Trans-Outing auch noch auf diesen Namen zu bestehen. Da war dieses Gefühl, jemandem etwas wegzunehmen, wenn ich mich Sebastian nenne. Und ich war es nicht gewohnt, wichtige Entscheidungen in meinem Leben mit anderen zu besprechen. Ich war immer Einzelkämpfer, habe einsam entschieden, und tue das auch in diesem Fall. Ich nenne mich also Finn.

Trotzdem lässt mich der Name Sebastian nicht los. Dieser innere Konflikt bricht jetzt nach Beginn der Hormontherapie noch mal auf. Ich spreche mit meiner Freundin, die mit dem zweiten Sebastian im näheren

Umfeld. Sage ihr, was los ist – erzähle ihr, dass mir Sebastian als Name viel näher ist, ich mich aber nicht getraut habe. Sie freut sich, nimmt mir meine Ängste. Diesen „Freispruch" habe ich gebraucht. Und als deren Freund mir herzlich zur Namenswahl gratuliert, fallen Felsbrocken von meinen Schultern.

Jetzt also Sebastian Finn Lorenz Wolfrum. Viele sagen, der Name passt noch viel besser zu mir. Sie schreiben mir, dass sie sich mit Sebastian viel leichter tun als mit Finn. Es ist gar nicht so einfach, sich selbst einen passenden Namen zu geben. Man kennt ja immer jemanden, der einen Namen trägt, den man selbst gut findet – und den man deshalb nicht für sich oder seine Kinder nehmen mag. Und manche Namen sind einfach negativ besetzt oder auch „verbrannt". Passende Namen entstehen nicht aus einem selbst heraus, sie kommen von außen.

Bei Sebastian jedenfalls war das so. Wie stimmig der Name für mich ist, das war mir zuerst gar nicht so bewusst. Sebastian ist der Schutzheilige der Bogenschützen. Die Queer-Gemeinde hat ihn sich auch als Patron auserkoren – man sagt, er soll selbst homosexuell gewesen sein. Sebastian gehörte zur Leibgarde von Kaiser Diokletian im alten Rom, er war Christ, obwohl Christenverfolgung damals auf der Tagesordnung stand. Irgendwann flog Sebastian auf, weil er den inhaftierten Christen etliche Freiheiten verschafft hatte. Er wurde verhaftet, zum Tode verurteilt und mit dem Pfeil hingerichtet. Zumindest glaubte man das damals. Aber er war nicht tot, wurde wieder gesund gepflegt – und ging nach seiner Genesung zum Kaiser und stellte sich erneut. Daraufhin wurde er im Zirkus öffentlich erschlagen.

Diese Geschichte beeindruckt mich. Einer, der so zu seinen Überzeugungen steht, dass er – dem Tod schon einmal entkommen – freiwillig dafür stirbt. Ein frühes „Ich stehe hier und kann nicht anders". Als ich Sebastian dann bei einem Besuch in St. Lorenz entdecke, ist das ein ziemlich gutes Gefühl. Es gibt nur wenige Heilige, die nicht in der Lorenzkirche stehen – direkt an der Kanzel gibt es eine Sebastiansgruppe und eine Statue am Rochus-Altar – Sebastian gilt ja auch als Pestheiliger. Meine Eltern haben mir bei meiner Geburt drei Vornamen gegeben. Der dritte war der meiner Patentante. An dieser Tradition will ich festhalten. Viele Stunden habe ich in der Nürnberger Lorenzkirche verbracht und es ist bis auf den heutigen Tag so: Immer wenn ich in Nürnberg bin, gehe ich dort vorbei. So ist Lorenz zu meinem Patenonkel geworden und wird der dritte Vorname sein.

Extrem spannend war für mich zu erleben, was für einen Schub mir das gibt, als ich mich zu meinem

„Wunschnamen" ganz offiziell bekenne. Donnerstag-
abend, Bogentraining. Ich hatte wenige Tage vorher
ein langes Training, da bin ich mit ungefähr 400 von
720 Ringen rausgegangen, beim ersten Training „nach
Sebastian" waren es 450, dann weit über 500. Das geht
nur, wenn man in sich ruht, gelassen ist. Ich, Sebastian, bin jetzt ganz bei mir, bis ins letzte Detail, ich fühle
mich mit neuem Namen erstmals richtig zuhause in
mir.

Eine Woche nach Pfingsten reiche ich beim Familien-
gericht in Bamberg endlich den Antrag auf Personenstandsänderung ein. Wunschname: Sebastian. 3.000
Euro Vorkasse. Für die zwei Gutachten, die das Gericht
laut Gesetz braucht. Für die Verwaltungskosten. Sebastian zu werden, ist teuer. In diesen Tagen ruft mich meine Mutter an. Sie erinnert sich an Zeitungsberichte, in
denen ich davon erzählt habe. Sie hat gespart und sie
will die Kosten für das Gericht übernehmen. Ich nehme dankbar an und spüre in ihrer Geste den Willen,
manches auszugleichen, was in der Kindheit schief gelaufen ist.

Wenn alles glatt geht, bin ich in einem halben Jahr
damit durch. Wie lange es wirklich dauern wird, kann
man letztlich nie sagen. Von sechs bis 18 Monaten gibt
es an deutschen Familiengerichten alles. Ein Teil mag
der Überlastung der Behörden geschuldet sein, man-

ches aber fühlt sich auch wie Willkür an. Offenbar habe ich mit „meinem" Richter Glück – sagen jedenfalls die, die das Prozedere bei ihm schon hinter sich haben.

Manchmal frage ich mich selbst, weshalb ich so viel Wert auf die amtliche Namensänderung lege. Bis wieder mal ein offizielles Schreiben mit der Post an Silke Wolfrum kommt. Dann weiß ich es wieder. Es schmerzt jedes Mal, mit diesem falschen Namen unterschreiben zu müssen. Jede Urkunde im Pfarramt, jeder Handwerkervertrag für die Generalsanierung, jeder Arbeitsvertrag für die Mitarbeiterinnen in der Kita. Ganz amtlich und offiziell Sebastian sein zu können und zu dürfen, das muss sein. Dafür brauche ich eine neue Geburtsurkunde. Dann kann ich alles andere beantragen und auf den Weg bringen: neben dem neuen Personalausweis auch ein neues Abiturzeugnis, ein neues Abschlusszeugnis der Uni, Führerschein und Angelschein, Fahrzeugbrief, und: eine neue Ordinationsurkunde, Dokument meiner Berufung in den lebenslangen Pfarrdienst. Ich wünsche mir dazu auch noch eine neue Segnung – für mich als Bestätigung: Als Sebastian bin ich hier gewollt, bin ich hier berufen und eingesetzt. Ein altes, falsches Leben ist endgültig zu Ende.

Eine Frage, die mich zu diesem Zeitpunkt beschäftigt, ist: Bin ich irgendwann kein Transmann mehr, sondern einfach Mann? Ich bin mir sicher, in zehn

Jahren würde kein Hahn mehr nach meinem Outing krähen. Aber weil das alles wegen meines Berufs so öffentlich geschehen ist und das Internet nichts vergisst, wird man vermutlich auch in zehn Jahren noch Silke Wolfrum finden, wenn man nach Sebastian Wolfrum sucht. Und ich werde körperlich nie völlig Mann sein. Mein Körper wird immer „nur" operiert sein. Optisch vielleicht sehr dem ähneln, was andere von Geburt haben, funktionell aber nicht. Ob ich den Trans-Status irgendwann mal ganz ablegen kann und ob ich das überhaupt will, weiß ich heute nicht.

Es gibt Menschen, von deren Transidentität niemand weiß. In den einschlägigen Foren im Internet sind sie nur mit Pseudonym unterwegs. Denen gelingt es, ihre Geschichte nicht publik werden zu lassen – mit Ausnahme des ganz engen Familien- und Freundeskreises, nehme ich an. Das wird mir so nicht gelingen, das ist der Preis dafür, nach dem Coming-out in meiner Gemeinde bleiben zu können. Manchmal ertappe ich mich, wenn ich bei Beerdigungen aus dem Leben der Verstorbenen erzähle, bei Fragen: Was wird mal eine Kollegin bei meiner Beerdigung sagen? Was wird von mir bleiben? Viel Silke? Oder nur Sebastian? Pfarrer*innen deuten und würdigen am Ende noch mal das Leben der Verstorbenen. Was wird man über mich sagen? Wie wird man mein Leben zusammenfassen, es bewerten?

Des sicheren Standes mächtige Wut

Glas birst beim Aufschlag brachialer Wucht
Splitter schlagen in's Holz von Worten verflucht
der Einschlag schlägt durch
durchschlägt den Hohn
lacht dem Anspruch
ins blanke Entsetzen
ausgedienter Fron

Faust findet Fratze mit sattem Schlag
Blut tropft schwer tränkt Steinbodenbelag
Auge um Auge
Zahn um Zahn
Stich um Stich
hängen um lassen
Eitelkeit um Lebenszeit

Ich lass mich von euch nicht mehr korrumpieren
mit Schmeicheln und Komplimenten verführen
mir rauben das Herz
allein mit dem Schmerz
Verrat an mir
Seele verlier

Hier stehe ich und kann auch anders
stelle sich offen wer Gesicht zeigen mag
mit off'nem Visier
mit ehrlicher Haut
im Lebenssturm
hier
nur
auf sich selber baut

9.05.17

Ein letzter tiefer Fall

So sehr Silke über das Ende ihrer einzigen längeren homosexuellen Beziehung erleichtert ist, so hart ist die Zeit danach. Nicht weil sie ihre Entscheidung bereut. Sondern weil das Ende der Beziehung für sie ihre vermeintliche Beziehungsunfähigkeit zementiert hat. Ihr Eindruck von sich selbst ist, nicht fähig zu sein, sich einem Menschen voll und ganz zu öffnen, richtige Nähe zuzulassen. Zu dieser Phase erneuter Selbstzweifel kommen weitere Rückschläge von ganz anderer Seite. Es wird klar: In ihrer Kirchengemeinde wird doch kein Pfarrhaus gebaut. Sie muss im angemieteten Reihenhaus 60 Höhenmeter oberhalb der Kirche bleiben.

Was erst einmal recht unproblematisch klingt, ist es für Silke nicht. Gerade jetzt, nach der Trennung. Alles erinnert sie an ihre Ex-Partnerin, die dort fast alles eingerichtet hat. Seit sechs Jahren ist sie in der Gemeinde. Immer war das Haus oben auf dem Berg die Zwischenlösung. Provisorisch eingerichtet. Ständig auf Abruf. Nun wird es zur dauerhaften Bleibe. Dieses Aus begräbt nicht nur Silkes Hoffnung auf ein neues, frisches Zuhause, sondern auch einen langjährigen Prozess. Ein erster Architekten-Entwurf fürs Pfarrhaus war im Landeskirchenamt in München durchgefallen, ein zweiter fand Zustimmung. Es ging schnell in die Detailplanung, sogar die Küche hatte Silke schon geplant, als klar wird: Zu teuer, nicht finanzierbar für die Gemeinde. Weil die Baubranche boomt, sind die Preise für alle Gewerke durch die Decke gegangen. Und die Kirche muss saniert werden. Silke sitzt im angemieteten Reihenhaus, sie schaut auf Teppiche, die ihre Ex-Freundin ausgesucht hat und die sie noch nie schön fand. Möbel, die nicht ihre sind. Sperrmüllfunde der Ex-Gefährtin, hochwertig, ohne Frage. Liebevoll restauriert. Nun untragbar. Für Außenstehende vielleicht eher Lappalien, aber Silke trifft das zu diesem Zeitpunkt sehr.

Und da macht die Mittvierzigerin das ganz große Fass auf. Im ersten Jahr nach dem Klinikaufenthalt hat sie in der ambulanten Therapie vor allem an dem Missbrauchsthema gearbeitet. Nun geht sie ganz grundsätzlich an ihre Existenz. Sie fühlt sich verkehrt, schräg, irgendwie nicht normal. Sie liebt Frauen, aber in eine lesbische Beziehung passt sie nicht hinein. Sie fängt wieder einmal an, ihr Leben vor dem inneren Auge Revue passieren zu lassen. Die Einsamkeit der Kindheit und Schulzeit, das Suchen nach Halt in der evangelikalen Bewegung, später im Studium, der Missbrauch, die Flucht in eine Ehe, ihr Ausbruch in die Homosexualität, eine lesbische Beziehung, die sie nicht auf Dauer zufriedenstellt Mit therapeutischer Anleitung arbeitet sie sich durch alles durch. Im Kino läuft der erste Teil der „Herr-der-Ringe"-Trilogie. Die Gefährten wandern durch Moria. Ein Ritt durch die Hölle. Silke reitet mit. Die Psychologin wird zur Wegbegleiterin auf schweren Pfaden.

Eigentlich kann die Therapie erst jetzt richtig beginnen, weil die Ex-Freundin nicht mehr von außen die Themen vorgeben kann. Jetzt entscheidet Silke, wie sie den Missbrauch aufarbeitet. Dazu gehört auch, dass sie sich in ihren wiederkehrenden Depressionen den Freispruch zum Suizid gibt. Sie schließt mit sich selbst einen Pakt: Sie ist bereit zu gehen, wenn sie den Schmerz nicht mehr aushält, den das Leben und das Aufarbeiten ihr zufügt. Das ist für sie eine der notwendigen Bedingungen, sich wirklich auf ihre Therapie einlassen zu können. Dort macht sie reinen Tisch, sie lässt nichts aus, „blank ziehen" nennt man das in der Sprache der Krieger. Der Freispruch zum Suizid ist für sie ein Stück „Selbstabsicherung", den sie in diesem Moment braucht. Sie ist darauf nicht stolz, sie ist verzweifelt. Als sie zwei Jahre später, im Jahr 2016, erstmals ihrer Therapeutin davon erzählt, ist die ziemlich schockiert.

Weil sie nichts davon bemerkt hat. Tarnen konnte Silke sich schon immer gut. Für sie war es in diesen Jahren ein letzter Akt der Selbstbestimmung. Die Kontrolle über ihr Leben zu behalten.

In diesen zwei Jahren war Silke nie an dem Punkt, dass sie ihre „Absicherung" in die Tat umsetzen wollte – viel gefehlt hat aber manches Mal nicht, und ja, sie hätte der Therapeutin davon erzählt, wenn es nur noch ein Schritt gewesen wäre. Dieser „Plan B" gibt ihr Kraft und Mut, alles andere durchzustehen. Sie denkt damals ohnehin, keiner würde sie vermissen, wenn sie ihrem Leben ein Ende setzen würde. Es gibt gefühlt niemanden, zu dem sie sagen wollte: Ich tue es nicht, weil es dich gibt.

Die Arbeit in der Gemeinde gibt ersten Halt. Auch der Schützenverein wird zu einem guten Ort. Das Pflichtbewusstsein hält sie über Wasser. Und irgendwie auch der Glaube. Später wird Sebastian oft gefragt, ob er jemals an Gott gezweifelt habe, gehadert über so viel Härte und Zumutung im Leben. Auch wenn sich Sebastian in vielem unsicher ist – dass Gott da ist und ihn begleitet, daran gibt es auch in dieser schweren Zeit nie Zweifel.

So übersteht Silke die ersten Monate des Jahres 2014. Die wöchentliche Therapie hilft ihr. Sie fühlt ein Vorankommen, eine Entwicklung, eine Verbesserung.

Ihre Transidentität hat sie zu diesem Zeitpunkt nicht auf dem Schirm. Beziehungen hat sie völlig abgeschrieben, sie sieht sich dazu schlicht nicht in der Lage. Sie denkt, sie eckt wegen ihrer Art und Weise an. Hinzu kommen in dieser Zeit Belastungen von außen. Phasen brutaler Arbeitsüberlastung, sie muss unbesetzte Stellen mitvertreten und obendrauf grundsätzliche Entscheidungen im Kirchenvorstand herbeiführen: Wie wird gebaut und wie finanzieren wir das Mammutprojekt? Die Pendeldiplomatie zwischen der Ortsgemeinde, möglichen Zuschussgebern, dem Architekturbüro und der Landeskirche gehen an die Substanz. Silke wird den Stress kaum mehr los. Sie greift zu altvertrauten Strategien und taucht wieder in ihre Gewaltphantasien ab. Mit ihrer Therapeutin spricht sie erst spät darüber, auch das gehörte zum Tarnen und Täuschen. Ende 2016 kommt erneut eine heftige Welle von Suizidgedanken. Sie vertraut sich einer Kollegin an, moralische Schuld lastet auf ihr: Als Pfarrerin darf man so etwas nicht denken, sagt sie sich. Die Kollegin hilft ihr in dieser Situation mit Beichtgesprächen.

Gleichzeitig beginnt Silke, mittlerweile durch ihre Therapie halbwegs gefestigt, eine Langzeitfortbildung. Sie wird in die „Klinische Seelsorge-Ausbildung" aufgenommen. In drei Kursblöcken beginnt am Klinikum Nürnberg eine intensive Zeit der Selbsterfahrung. Die

Dynamik des Kurses entlarvt ihr Leben. Sie wird sich bewusst, wie sie sich in ihrem Leben selbst hat einsperren lassen. Das Feedback der Ausbildungsgruppe ist schonungslos und hart, gleichwohl wertschätzend. Viele empfinden Silke als anstrengend, erleben ihre Gefühlsausbrüche als überzogen – und gleichzeitig kritisieren sie ihre Unnahbarkeit. Sie erträgt die Kritik, steckt sie mehr oder weniger unreflektiert weg, findet trotzdem Halt in der Gruppe. Beides nebeneinander ist für Silke eine neue Erfahrung. Harte Kritik, aber keine Ablehnung.

Dann kommt eine Woche vor Weihnachten 2016 der nächste Schlag. Die Diagnose: Ein Myom auf der Gebärmutter, seit Wochen schmerzhaft. Es gibt kein Verhandeln, das Organ muss raus – so schnell wie möglich.

Ungeahnt stürzt Silke das in eine tiefe Krise. Die Angst vor einer bösartigen Entwicklung – wenn auch höchst unwahrscheinlich – ist eines. Da ist aber noch mehr. Es geht um ihre Identität. Sie, die sich gerne so männlich wie möglich kleidet, gerne breitbeinig da steht, alles möglicherweise Weibliche an sich negiert. Die Gebärmutter und die damit verbundene Periode sind das einzige, was sie einmal im Monat daran erinnert, dass sie im Körper einer Frau lebt. Was, wenn das auch noch fehlt? Silke glaubt, ihr letztes Stück Halt in sozialen Rollenerwartungen wird ihr genommen. Doch medizinisch bleibt ihr keine Wahl. Die Operation ist für Anfang Februar terminiert. Silke hat große Angst.

Wenige Tage zuvor ist sie noch mal zur Klinikseel-sorge-Fortbildung in Nürnberg. Die Teilnehmer*innen des Kurses werden nacheinander aufgefordert, sich zu-einander in Beziehung zu stellen. Aufstellungsarbeit, für Pfarrer*innen nichts Neues, fast schon klassisch. Doch Silke wird ein paar Mal sehr deutlich vor Augen geführt, wie sehr sie – wieder einmal – Außenseiterin ist, einsamer Wolf. Fix und fertig fährt sie nach Hause. Vor der Operation keimt die Erinnerung an den Miss-brauch wieder auf. Im Krankenhaus erzählt sie von ih-rer Geschichte – die Klinik reagiert vorbildlich. Nicht nur, dass Silke eine Ärztin als Operateurin bekommt, das gesamte Personal im OP-Saal ist in ihrem Fall weib-lich.

Als Silke wieder zu sich kommt, geht es ihr schnell besser. All die Ängste, die sie vorher hatte, sie erfüllen sich nicht. Die Operation ist gut verlaufen. Vielmehr ist es so, als habe man ihr einen großen Ballast abgenom-men. Silke schöpft neue Kraft, neuen Mut. Sie trifft eine Entscheidung: Sie will nicht mehr so weiterleben. Kei-ne 60-plus-x-Stunden-Wochen mehr als Gemeindepfar-rerin. Sie bekommt eine Vollzeit-Schulstelle angeboten. Das setzt in ihr Kräfte frei, obwohl sie in der Gemein-de bleibt. Sie lässt sich nicht mehr unter Druck setzen, nimmt sich Auszeiten, sie spielt sich endlich, nach sieben Jahren, von ihrem allgegenwärtigen Vorgänger frei. Immer wieder musste sie sich mit Vergleichen auseinander setzen. Ein begabter und ausgebildeter Sänger war er, mit einer tiefen sonoren Bass-Stimme. An ihm haben sie Silke gemessen, als sie als erste Pfarrerin der Gemeinde überhaupt die Liturgie gesungen hatte. Bis sie es vor sieben Jahren aufgegeben hatte. Trotz aller positiven Wertschätzung konnte sie sich nie aus seinem Schatten befreien. Gleichzeitig musste sie der Gemeinde die schmerzliche Wahrheit zumuten, dass zwei von drei Gebäuden nicht zu halten waren und auch die Kirche eine umfassende Sanierung brauchte. Themen, die der Vorgänger nicht angegangen hatte. In fast jedem Gottesdienst hatte sie das Gefühl, dass er unsichtbar neben ihr stand. Bis zu diesem Gründonnerstag.

Nach mehr als sieben Jahren am Ort und der heftigen Kritik zu Beginn singt sie erstmals wieder die Liturgie – und sie ist zufrieden mit sich. Es ist Gründonnerstag. Und zum ersten Mal steht sie allein am Altar. Ohne den mächtigen Schatten des Vorgängers.

Nach diesem befreienden Gottesdienst erhält sie viel positive Rückmeldung aus der Gemeinde. Sie will ihr Amt als Pfarrerin fortan so führen, wie sie es für richtig hält – und nicht so, wie es andere von ihr erwarten. Sie will nicht mehr mit ihrem Vorgänger verglichen werden, der zwar eine sonore, ausgebildete Bass-Stimme hatte, ihr aber drei marode Gebäude hinterlassen hat, darunter die Kirche selbst. Sie macht sich frei. Wie weit diese Freiheit wirklich geht, ahnt sie zu diesem Zeitpunkt nur sehr vage.

Nach Ostern fährt Silke abermals nach Nürnberg zum dritten und letzten Ausbildungsblock im Nordklinikum. Sie schlägt dort in einer völlig anderen Verfassung auf als die Male zuvor. Die Kursgruppe meldet ihr das sehr klar zurück. Tag um Tag wächst in ihr die Erkenntnis, dass sie niemandem etwas beweisen muss, dass sie einfach ein Teil der Gruppe ist. Wertvoll, einfach so. Diese Erfahrung ist für Silke ungewohnt, neu. Und sie lernt, dieser mehr und mehr zu trauen. Die Gruppe hilft ihr dabei durch klares und wertschätzendes Feedback. In der letzten Ausbildungswoche fühlt sich Silke im Kurs so wohl wie nie zuvor. Weil sie sein darf, wie sie ist. Sie habe in dem Kurs eine Art Blitztherapie für eine narzisstische Persönlichkeitsstörung durchlaufen, erklärt ihr später eine Psychologin.

Zurück in Unterfranken hat sie das Gefühl, in Nürnberg etwas vergessen zu haben. Irgendetwas ist noch offen, Silke muss in die Stadt zurück. Nach Pfingsten reist sie für eine Woche dort hin, läuft durch die Stadt, umherirrend, suchend. Sie fragt sich: Was ist los? Kann man sich in eine Stadt verlieben? Ist Nürnberg ein Sehnsuchtsort? Was macht diese Stadt mit mir? Ein Freund schreibt ihr: „Folge deinem Herzen." Silke schreibt Tagebuch, verbringt viel Zeit in St. Lorenz und der Annakirche. Sie fragt sich, ob sie vielleicht doch nicht ganz beziehungsunfähig ist, ob sie sich anderen zumuten kann und will mit all ihren Problemen, ihren Gewaltphantasien, ihrer Vorgeschichte. Sie fragt sich, wen sie eigentlich sucht. Einen Mann oder eine Frau? Oder egal?

Sonntagmorgen sitzt sie im Gottesdienst in St. Lorenz, als sie das Confiteor, das Schuldbekenntnis, vollkommen aus der Bahn wirft. Die Pfarrerin sagt: „Wir sind zusammengekommen in dieser Kirche, um miteinander Gottesdienst zu feiern – als Junge und Alte, als Männer und Frauen ..." Wie oft hat sie in 20 Jahren solche oder ähnliche Formulierungen verwendet. An diesem Morgen trifft sie der Satz mitten ins Herz. Mit diesem Satz ist Silke draußen aus dem Gottesdienstgeschehen, ganz bei und doch irgendwie neben sich. Ihr kreist plötzlich nur noch die eine Frage im Kopf umher: „Wer bin ich eigentlich?" Gott will sie so, wie sie ist, fühlt sie, sagt sie sich. Aber: Wie, besser was ist sie? Elf Jahre, nachdem sie das erste Mal einem Menschen gesagt hat, sie habe das Gefühl, im falschen Körper zu sein – damals, als ihre Ehe zu Ende ging – traut sie sich wieder zu diesem Gedanken. „Ok, Frau bist du nicht.

Bleibt nur Mann?" Nach dem Gottesdienst verabredet sie sich mit der Gemeindepfarrerin zu einem Gespräch. Zwei Tage später soll es stattfinden. Zuvor chattet sie mit ihrer besten Freundin. Beim Hin- und Herschreiben wird für sie immer klarer, was sie an dem Morgen im Gottesdienst gedacht hat. Es sind keine komischen, abwegigen, unstimmigen Gedanken, so vieles in ihrem Leben ergibt auf einmal Sinn. Beide Frauen nehmen sie mit ihren Worten, Gedanken und Gefühlen ernst, helfen ihr, in sich hinein zu horchen, Gewissheit zu bekommen. In den Gesprächen am Beginn dieser Woche lösen sich alle Fragezeichen auf. Zurück bleibt ein klares und deutliches Ausrufezeichen. Silke ist ein Mann, war es schon immer. Nur eben im falschen Körper.

HAEUTUNG

Schuppe um Schuppe
hebt sich
ein Netz von
Chinin sucht
das Weite
Schutz
Rüstung
Fassade
distanzieren sich
altes Leben
zieht

16.06.17

Macht Gott Fehler?

Meine ganze Lebensgeschichte ist immer wieder durchdrungen von Zeiten, in denen das Fundament unter meinen Füßen schwankte. Brüche und Verletzungen haben ihre Spuren hinterlassen, aber auch Irrwege auf denen ich mich verrannt habe. Mein Leben ist nicht frei von Schuld. Darf das ein Pfarrer von sich sagen? Ja! Als Pfarrer bin ich genauso Mensch, wie alle anderen. Mit Gaben und Fähigkeiten, mit Schwächen und Schuld. Wie könnte ich sonst authentisch Vergebung und Heilung predigen, wenn ich mir nicht selbst meiner dunklen Seiten bewusst wäre. Oft genug erlebe ich, dass erst mein Bekenntnis zu den Brüchen meines Lebens anderen ermöglicht, von sich zu erzählen, ihre eigene schmerzhafte Geschichte anzuschauen. Manchmal bete ich mit ihnen und gemeinsam halten wir diese Geschichten Gott hin.

Halt waren und sind mir viele Erzählungen aus der Bibel von Menschen, die Umwege gehen mussten, selbst gescheitert sind und neu anfangen durften. In den Erzählungen von Jakob und Petrus finde ich mich wieder. Beide haben im Lauf ihres Lebens ihre Namen gewechselt und damit zu einer neuen Identität gefunden. Jakob, Zweitgeborener, Stammvater Israels – was musste er nicht alles in Kauf nehmen, um endlich das leben zu können, was seine Berufung war. Allzu oft hatte er es mit Gewalt, List und Tücke herbei zwingen wollen. Bis er sich in einer Nacht Gott stellen musste, mit seinem ganzen Leben. Er ringt mit ihm, trägt eine Verletzung davon, aber vor allem Segen und Verheißung (1. Mose 32). Simon Petrus, Anführer der Gruppe um Jesus – manches Mal hatte er Angst vor der eigenen Courage. Geht wortwörtlich baden und in der Nacht, in der er Jesus nie und nimmer verlassen wollte, verleugnet er ihn. Ich stelle mir die Begegnung mit dem Auferstanden am See Genezareth sehr intim vor. Jesus fragt ihn mehrmals nach seiner Liebe und Treue, mehrmals antwortet Petrus, zunehmend kleinlauter. Und Jesus setzt ihn wieder neu ein, als seinen Jünger, als Anführer, einer, der 40 Tage später vor 5000 Menschen predigen wird. Mir scheint, als habe Gott eine Vorliebe für Menschen mit gebrochenen Biografien. Und ich bin einer von ihnen.

Immer wieder tragen mich die Psalmen. Mein Konfirmationsspruch, Psalm 23,4, aber auch der Psalm 31. Ganz tiefe Texte, die von der Brüchigkeit des Lebens erzählen. Neben Brüchen und Schuld musste ich mich auch sehr grundsätzlich mit der schöpfungsgemäßen Bestimmung des Menschen auseinander setzen. Wie hat Gott den Menschen, wie hat er mich geschaffen? Darf ich in sein Werk eingreifen? Die Bibel ist da vielschichtiger, als es auf den ersten Blick scheint. Durch die Übersetzung Martin Luthers hat sich die Idee festgesetzt, es gäbe eindeutig zwei Geschlechter, die Gott geschaffen hat. „Und Gott schuf den Menschen zu seinem Bilde, zum Bilde Gottes schuf er ihn; und schuf sie als Mann und Frau." (1. Mose 1,27, zit. nach: Lutherbibel 2017)

Ein Blick in den hebräischen Urtext und andere Übersetzungen eröffnen ein anderes Bild. „Gott schuf den Menschen in seinem Bilde, im Bilde Gottes schuf er ihn, männlich, weiblich schuf er sie" (Buber-Rosenzweig 1929). Oder: „Gott erschuf den Menschen als sein Bild, als Bild Gottes erschuf er ihn. Männlich und weiblich erschuf er sie" (Revidierte Einheitsübersetzung 2017). Es wird deutlich, dass die Schöpfung des Menschen vorausgeht, die Ausdifferenzierung dann erst im zweiten Schritt folgt.

In den Erzählungen aus der Urgemeinde taucht ein namenloser Kämmerer aus Äthiopien auf. Seine Besonderheit: Er ist Eunuch. Die Bibelstellen deuten darauf hin, dass das nach außen hin erkennbar war. In der Apostelgeschichte 8, 26–39 zögert Philippus keinen Augenblick, einen erkennbar „anderen" Menschen – einen augenscheinlich „femininen" Mann – zu taufen. Für die erste Gemeinde war Verschiedenheit und Vielfalt in vielerlei Hinsicht gelebte Gegenwart. Jesus selbst äußert sich gleichberechtigt zu Eunuchen, die „von den Menschen dazu gemacht worden" sind und „Eunuchen, die sich selbst wegen der Nähe [des Reiches] Gottes dazu gemacht haben" (Matthäus 19,12, zit. nach: Bibel in gerechter Sprache).

Theologisch habe ich für mich im Lauf der Transition Reformation neu durchbuchstabiert. Rechtfertigung heißt, ich bin angenommen, wie ich bin. Durch und durch, bis in die körperliche Verfasstheit hinein. Und die Zuwendung Gottes, seine Liebe, sein Mitgehen, hängt nicht an der äußeren Hülle eines Körpers, der vergänglich ist. Die Zuwendung gilt der Person, die immer mehr ist, als wir beschreiben können.

Spirituell kann ich für mich „Heimat" neu oder endlich beschreiben. Zuhause bin ich am Altar, in Gott. Da darf ich einfach sein. Wer oder was ich bin, ist hier nicht wichtig. Es ist die bedingungslose Annahme, die ich da spüre und immer wieder erlebe.

Bleibt die Frage, ob ich in einen Körper eingreifen darf. Diese Frage würde nicht gestellt werden, wenn mir statt Testosteron und männlicher Geschlechtsorgane das Insulin oder eine Herzklappe fehlen würde. Auch die Medizin ist eine gute Gabe Gottes. Sie hilft bei Knochenbrüchen und Depression, bei falsch angewachsenen Arterien und Lungenentzündung. Und sie hilft transidenten Menschen aus der so oft lebensfeindlichen Dysphorie zwischen Identität und körperlicher Verfasstheit.

Zuhause ankommen

Die Antwort vom Gericht kommt schnell. Zwei Wochen hat es nur gedauert, bis das Gericht die gewünschten Gutachter*innen bestätigt. Ich habe Glück. Anderen geht es nicht so gut, sie erleben vor Gericht und in Gutachtengesprächen Alltagsdiskriminierung, manche berichten von Übergriffen unterschiedlichster Art, denen man sich fast nicht entziehen kann. Schließlich brauchen wir die Gutachten. Doch ich bin erst einmal erleichtert. Das erste Gespräch mit einer meiner Gutachterinnen ist schon vorbei. Wieder einmal habe ich jemandem mein Leben erzählt. Sie kennt mich, ich war bei ihr schon zu verschiedenen Gesprächen zu den anderen Stationen, für die ich ein Gutachten brauchte, ganz am Anfang und für das Testosteron. Sie weiß, dass mich schon mein ganzes Leben lang etwas umtreibt, was ich bis vor kurzem nicht fassen, nicht begreifen konnte.

Die Gutachter-Gespräche sind trotzdem eine Tortur. Manche sind mit einer Stunde zufrieden, andere wollen vier bis fünf Termine. In Interviewform geht es sehr tief in die eigene Persönlichkeit hinab. Welcher Mensch lässt sich freiwillig Fragen zu seiner sexuellen Identität von einem wildfremden Menschen stellen? Wer erzählt freiwillig von Scheitern und Ausgegrenzt-werden? Immer und immer wieder das eigene Leben, das An-die-Wand-laufen, die Ablehnung von außen er-zählen. In diesen Gesprächen geht es darum, plausibel und fokussiert zu erklären, warum man offiziell den Geschlechtseintrag ändern lassen will, warum man das schon immer wollte. Die Gerichte wollen von den Gutachtern vor allem drei Fragen beantwortet haben: Kann eine andere psychische Erkrankung wie etwa Schizophrenie oder eine Depression ganz sicher aus-geschlossen werden? Besteht eine an Sicherheit gren-zende Wahrscheinlichkeit, dass die Person es sich nicht irgendwann plötzlich anders überlegt und dann doch wieder in ihr körperliches Ausgangsgeschlecht will? Und: Besteht dieser Wunsch, im anderen Geschlecht zu leben, seit mindestens drei Jahren?

In den Netzwerken kursiert die Trans-Variante eines altbekannten Witzes:

Wie wechseln transidente Menschen eine Glühbirne? Sie gehen zu einem Elektriker, um sich bestätigen zu lassen, dass der Glühfaden gerissen ist. Dann setzen sie sich mindestens 6 Monate ins Dunkle, um so zu tun, als sei es hell. Dann lassen sie sich von der IHK bestätigen, dass das Dunkel tatsächlich von der kaputten Glühbirne kommt. Dem Verkäufer im Laden bestätigen sie, dass sie nun seit drei Jahren den nachhaltigen unumkehrbaren Wunsch haben, im Licht leben zu wollen. Der holt noch zwei Gutachten von Elektromeistern ein, dass das auch wirklich so ist.

Warum glaubt man uns nicht einfach? Warum dieses aufwändige Beweisenmüssen? Wurde schon mal ein Mensch, der das Glück hatte, ohne Körperdysphorie geboren worden zu sein, aufgefordert, zu beweisen, dass sein Gehirn seit Kindheit im richtigen Körper steckt?

Mit psychischen Problemen hatte ich in meinem Leben immer wieder zu tun. Der frühe Tod meines Vaters, der Missbrauch, die Gewaltfantasien, der Suiziddruck. Meine Erstgutachterin kenne ich inzwischen ganz gut, sie weiß von alledem – und sie weiß das sicher gut einzuordnen. Aber wie wäre das, wenn ich jemandem, den ich nur eine Stunde in meinem Leben sehe, das erzähle? Attestiert der mir eine manifeste Depression? Oder will ich das Erlebte kompensieren und nur deshalb Mann werden, um nach dem Missbrauch auf die „Seite der Macht" zu wechseln? Alles denkbar. Ich aber weiß: Es ist anders. Ich will nie wieder zurück in das dauerunglückliche, belastende Dasein als Frau. Doch: Drei Jahre den dringenden Wunsch haben, wie soll das in einem derart öffentlichen Beruf gehen? Was genau soll das denn heißen? Was mutet der Gesetzgeber den Betroffenen, aber auch ihrem Umfeld zu? Transidentität braucht viel Mut und Geduld und ein Umfeld mit viel Verständnis. Nicht alle treffen auf so günstige Umstände wie ich. Ich ertrage die Gutachtergespräche einigermaßen, und trotzdem kosten sie viel Kraft.

Mit dem zweiten Gutachter verläuft das Gespräch überraschend entspannt. Er tastet sich sehr vorsichtig an meine Themen heran, fragt behutsam und weniger tief, als ich das von der ersten Gutachterin kenne. Mein äußeres Erscheinungsbild hilft. Das Testosteron hat schon richtig Arbeit geleistet. Die Gesichtszüge werden markanter, der Bart wächst und auch die Stimme wird tiefer. Irgendwann im Gespräch sagt er: „Von Silke sehe ich gar nichts mehr!" Treffender könnte er es nicht beschreiben.

Nachdem die Gutachten irgendwann fertig sind, werden sie an ein Gericht geschickt. Kurz vor Weihnachten gibt es dann endlich die Anhörung vor dem Amtsgericht Bamberg. Seit kurzem ist da eine neue Richterin für die Personenstandsänderung zuständig. Sie ist sichtlich betroffen über meine Geschichte, stellt ein zwei Nachfragen und nach 20 Minuten ist es dann amtlich und rechtskräftig: Sebastian Finn Lorenz, männlich. Ich brauche ein paar Stunden, um mit den Gefühlen hinterherzukommen.

Bis vor ein paar Monaten mussten Transidente nach der Anhörung noch einige Zeit auf den Beschluss warten, weil erst noch die Generalstaatsanwaltschaft ihr Einverständnis geben musste. Nicht dass einer sich durch diesen Beschluss einer Strafverfolgung entziehen würde. Inzwischen hat der Gesetzgeber zumindest diesen Teil abgeschafft. Trotzdem fällt es immer noch sehr schwer, sich unterwegs nicht wie ein Schwerverbrecher zu fühlen.

Fünf Tage später liegt dann dieser hübsch gerichtsorangebeige Umschlag in meinem Briefkasten. Darin befindet sich die Ausfertigung des Gerichtsbeschlusses und nun wird das Wirklichkeit, was dieses aufwändige Prozedere irgendwie rechtfertigt, auch wenn es mich gerade so nervt: Mein altes Leben wird für die Behörden ausgelöscht. Es wird alles überschrieben. Silke gibt es dann nicht mehr. Es wird zukünftig behördlich so verfahren, dass ich schon immer Sebastian bin, von Geburt an. Kein Hinweis mehr auf den Transmann oder auf Silke, nur noch Sebastian.

In anderen Ländern ist dieses Verfahren sehr viel einfacher, zum Beispiel in England. Da kann man sogar mehrfach hin und her wechseln zwischen den Geschlechtern. Dafür gibt es dort einen „Trans-Vermerk", der darüber Auskunft gibt, was man „eigentlich" sei. Aber ich bin nicht „eigentlich" eine Frau. Ich bin ein Mann. Das war ich immer schon. Nur im falschen Körper. Deshalb ertrage ich all die nervenaufreibende Warterei und all die manchmal fast schon entwürdigenden Begutachtungs-Gespräche. Eines Tages wird auch diese Zwangsbegutachtung fallen. Das Bundesverfassungsgericht hat da schon sehr klare Urteile gesprochen. Aber die Mühlen der Politik mahlen in diesem Fall sehr langsam. Und der Weg zur Gleichstellung ist noch weit.

Ich habe nie an meiner Entscheidung gezweifelt, keine Sekunde. Ich bin ein Mann. Ich bin Sebastian. Ich habe mich 15 Monate darauf gefreut, eines Tages vermelden zu können: „Es ist ein Junge!" Meine neue Identität passt, sie ist einfach so stimmig. Und nun passen endlich auch mein Hormonhaushalt und mein Namenseintrag im Personalausweis dazu.

Urplötzlich passiert für mich auch das, was eigentlich nicht vorgesehen war. Vor Jahren schon, nach der Trennung von meiner Freundin, habe ich mir selbst eine Art freiwilligen Zölibat auferlegt. Ich wollte keine Beziehung mehr. Völlig beziehungsunfähig, das war mein Urteil über mich selbst. Und dann noch dieses Chaos in und mit mir, dieser Umbruch, der Weg zu mir, die körperliche Angleichung. Mit all meinen Problemen, den Gewaltphantasien, meinen Selbstzweifeln, den Suizidgedanken wollte ich auf keinen Fall in eine neue Beziehung starten.

Jetzt habe ich mich in eine Frau verliebt. Es ist einfach so geschehen. Das war nicht geplant und eigentlich nicht vorgesehen. Aber jetzt ist es so, und es ist wunderschön. Sie kennt meine Geschichte und nimmt mich, wie ich bin. Es ist ein überwältigendes Gefühl, männlich verliebt zu sein. Obwohl der Körper noch ein anderer ist, erlebe ich mich gefühlsmäßig als Mann. Ich bin gespannt, wie das weitergeht, wie meine Partnerin und ich diese weitere Transition erleben und durchstehen. Für mich ist in dieser Liebe auf jeden Fall so vieles anders. Ich erlebe erstmals ein zweckfreies Begehren und Gewollt-Sein. Kein „Ich will dich retten", kein „Ich nutze die Beziehung als Vorwand". Einfach nur Liebe der Liebe willen – großartig!

Ich habe mich darauf eingestellt, dass es vor Mitte 2019 keine geschlechtsangleichenden Operationen für mich geben wird. Mich trägt im Moment der Zustand des Verliebtseins über diese Sehnsucht nach einer anderen körperlichen Hülle hinweg. Das Wissen, so geliebt zu werden, wie ich bin. Mit aller Unvollkommenheit. Trotzdem ist das Leben im Körper einer Frau für mich nur eine Übergangslösung. Das Bild im Spiegel schmerzt. Ich versuche, die negativen Gefühle so weit wie möglich zu versachlichen. Dieser ständige Kontrollblick! Sitzt der Binder gut auf der Brust und ist sie flach genug? Stimmt die Optik? Auch wenn ich nie die „volle Funktionalität" eines männlichen Körpers haben werde – die weibliche Brust nicht mehr verdecken zu müssen und weder am Badesee noch in der Sauna als Transmann aufzufliegen, das ist mein Ziel.

Dass ich inzwischen trotzdem als Mann akzeptiert und wahrgenommen werde – nicht mal ein Jahr nach meinem Outing – beeindruckt mich und tut gut. Anfang Juli waren die bayerischen Meisterschaften im Bogenschießen. Bei solchen Wettbewerben gibt es immer eine Passkontrolle. Also stelle ich mich mit meiner Startnummer in die Reihe, halte Personalausweis, Schützenausweis und den Trans-Ergänzungsausweis in der Hand. Ich werde nervöser, je näher ich an die Kontrolleurin heranrücke. Wird sie verstehen, was ich von ihr will? Bringt sie die beiden Personen Silke und Sebastian auf den Ausweisen zusammen? Kann sie etwas mit dem Thema anfangen? Muss ich mir eine Diskussion liefern? Werde ich bloßgestellt, diskriminiert? Dieser Moment macht mich nervöser als der eigentliche Wettbewerb. Doch dann geht alles ganz problemlos. Alle Sorgen waren unbegründet. An der Scheibe mit den drei anderen Männern stellt sich dann nur noch die Frage: Wo steckt der Pfeil? Wieviel Ringe? Ich gehe mit einem zufriedenstellenden Ergebnis nach Hause.

Ich komme von Tag zu Tag mehr an in meinem neuen Leben, gerade im Umgang mit anderen. Stimmiger, gelöster, schlüssiger, befreiter, aufgeschlossener, offener, freundlicher, unkomplizierter, klarer – all das sagen mir Menschen. Solche, die mich gut kennen, aber auch solche, die mich nur selten treffen. All das wäre nicht möglich, wenn ich meine ganze Vergangenheit vorher nicht intensiv mit Therapien aufgearbeitet hätte. Jahrelange Qualen waren das, sich so mit sich und dem eigenen Leben auseinanderzusetzen! Ein langer Weg durchs dunkle Tal. Aber begleitet und getröstet von Gott und Menschen an meiner Seite.

Unsicherheiten mir gegenüber gibt es nur noch selten. Meistens entstehen diese dann, wenn man mich auch als Silke kannte. Wie verhält man sich gegenüber einem Menschen, den man jahrelang als Frau wahrgenommen hat und der einem nun offensichtlich als Mann gegenüber steht? Es macht im gesellschaftlichen Miteinander einen Unterschied. Wir begegnen Frauen anders als Männern. In der Begegnung mit mir, aber auch in meinem Verhalten wird diese sonst eher unterbewusste Unterscheidung plötzlich sehr bewusst.

Manche Leute sprechen mich direkt auf die Veränderung an, manchmal frage ich die Menschen, was sie bewegt. Wir finden dann immer eine gute Lösung. Es gibt in meiner Gemeinde, im Ort, in meinem Umfeld kaum einen, der das nicht akzeptiert und mich provozierend als Frau anspricht. Es ist eher so, dass man mich inzwischen bewusst scherzhaft „ausgrenzt". Offensichtlich traut man mir durchaus augenzwinkernd manches nicht mehr so zu wie in meinem früheren Leben. Raumdekoration findet inzwischen ohne mich statt. Wurde ich früher ganz selbstverständlich zur Dekoration bei einem Fest in der Gemeinde oder auch im Schützenverein befragt, heißt es mittlerweile trocken: „Das machen die Frauen." Ich mag das. Viele in ihrem Geschlecht geborene Frauen oder Männer würden das vielleicht als unpassend empfinden, zurecht als Schubladendenken kritisieren, aber mir helfen solche Stereotype und Klischees im Moment, mich in der öffentlichen Rolle als Mann zurechtzufinden. Diese Rollenklischees sind eine Stütze. Ich wurde als Frau völlig anders sozialisiert als die Männer, zu denen ich heute gehören möchte. Trotz meines inneren und teilweise auch äußeren Widerstandes war ich für alle ein Mädchen, wurde so behandelt und erzogen. Das muss man erst einmal ablegen. Ja, ich muss umlernen. Und diejenigen, die mich aus der Zeit vor dem Outing kennen, müssen meine neue Rolle akzeptiert lernen.

Ich eigne mir gesellschaftliche Gepflogenheiten neu an. Was Jungs in der Pubertät selbstverständlich durchlaufen, erlebt man als Mittvierziger viel reflektierter und bewusster. Also beobachte ich viel, schaue Männern zu, lerne, ahme nach, grenze mich ab. Und eines bleibt nach wie vor unerträglich: Wenn Männer sich über Frauen herablassend äußern. Dann werde ich nach wie vor laut. Diese Solidarität mit Frauen bleibt.

Trotzdem tauchen manchmal noch Momente der Unsicherheit auf. Letztens rief mich meine Mutter traurig an. Mein Patenonkel war gestorben. Wir hatten nicht viel Kontakt – aber trotzdem war es mir wichtig, bei der Beerdigung dabei zu sein. Allerdings: In der Lokalzeitung dort in Hochfranken stand nichts über mein Outing, anders als im Rest Bayerns. Und meine Mutter hatte es bisher keinem gesagt. Zu einer Beerdigung als Sebastian zu gehen, wenn alle eine Silke erwarten, das geht nicht. Meine Mutter hat dann nochmal telefoniert, ich habe meiner Patin und einem Großonkel Postkarten geschrieben, Zeitungsartikel kopiert, um sie vorzubereiten. Über meine Mutter erreichten mich erste positive Signale.

Als ich dann am Freitag dort ankomme, war das wie der Fall in ein riesengroßes weiches Federbett. Alle sprechen mich mit Sebastian an, sind ausgesprochen freundlich zu mir, den Fremden wurde ich als „Der

Inge ihr Bub" vorgestellt. Mit so viel Verständnis kann man nicht rechnen, wenn Leute das erst fünf Tage vorher erfahren haben – und noch dazu auf einer Beerdigung. Da stehe ich nun in meinem schwarzen Anzug und schwarzer Krawatte, mit dem neuen Namen, und erfahre so viel Wertschätzung und Zuspruch, nehme die Patentante in den Arm. Vor über 30 Jahren hat sie mir die Worte meines Konfirmationsspruches in mein Gesangbuch geschrieben. Ich habe es heute noch. Und jetzt kommt sie auf mich zu, und die anderen aus der Familie, alt gewordene Männer und Frauen, vom Leben gezeichnet, wünschen mir alles Gute, reden mir gut zu, ich solle aufrecht bleiben, mir treu.

Lorenz aus der Asche

Als Silke nach ihrem einwöchigen Nürnberg-Aufenthalt heimfährt, läuft im Radio ein längerer Beitrag über Transidentität. Zu Hause fischt sie ihre Wochenzeitung aus dem Briefkasten. Thema auf dem Titel: „Welches Geschlecht habe ich?" Zufälle gibt es nicht. Sie horcht in sich hinein und ist sich sicher, dass sie diesmal nicht alles nur mit sich alleine ausmachen will. Schließlich spricht sie mit zwei Freundinnen über ihr Erlebnis, ihre Erkenntnis – ja, fast schon Erleuchtung. Die sind zuerst etwas irritiert, vor allem, weil Silke zu diesem Zeitpunkt die Begriffe Trans- und Intersexualität noch munter durcheinanderwirft. Woher soll sie das auch so genau wissen? Sie ist sich doch erst seit wenigen Tagen sicher, überhaupt im falschen Körper zu leben; auch wenn das Falsch-Sein-Fühlen schon seit Kindertagen zu Silke Gefühlshaushalt gehört. Die Nachfragen zwingen sie zur Recherche und zur Präzision. Intersexuelle werden mit beiden körperlichen Geschlechtsmerkmalen geboren, inzwischen können sie für sich den Geschlechtseintrag „divers" beantragen. Transidente sind Menschen, die sich im Kopf, in ihrer ganzen Identität anders erleben, als ihre körperliche Hülle. Jetzt ist sie sich auch bei der Begrifflichkeit sicher: Transident.

Unabhängig davon stehen in der Kirchengemeinde emotional unruhige Zeiten an. Die Generalsanierung der Kirche steht kurz bevor. Silke bereitet den Auszugsgottesdienst aus der Kirche vor. Doch dann kommt alles anders, die Ausschreibung für den Rohbau muss aufgehoben und deshalb wiederholt werden. Kein Gottesdienst zum Auszug. Wieder warten. Den eigenen Frust aushalten und der Gemeinde Worte geben für die Enttäuschung. Und das nur eine Woche, nachdem Silke sich der großen Umwälzungen in ihrem eigenen Leben bewusst wird. Ein paar Tage später offenbart Silke sich ihrer Kollegin. Inzwischen hat sich das emotionale Chaos in ihr etwas gelegt – und dort bekommt sie erstmals einen Satz zu hören, der sie, die Unstete, die Depressive, die manchmal Aggressive, die In-sich-Gekehrte, fortan begleiten soll: „Du wirkst so ruhig! So gelassen, gelöst!" Zeitgleich fängt Silke an, sich in das Thema Transidentität einzulesen, wühlt sich durch das Internet, sucht nach Transmann-Foren, Selbsthilfegruppen, Beschreibungen anderer und findet sich immer mehr bestätigt.

Silke fühlt bei ihrem Dienstgeber, der bayerischen

Landeskirche, über Bekannte vor, was passieren würde, wenn ein Pfarrer sich als transident outen wollte.
Die ersten inoffiziellen Auskünfte sind ermutigend.
Sie nimmt Kontakt zu Dorothea Zwölfer auf, einer
transidenten bayerischen Pfarrerin, die sich vor Jahren schon aufgemacht hat. Sie trifft sich mit ihrer langjährigen Therapeutin, die sie durch die Aufarbeitung
des Missbrauchs und durch all die anderen dunklen
Geschichten begleitet hat. Sucht das Gespräch mit ihrer Seelsorgerin. Als sie in deren Büro kommt, ist die
– noch ohne zu wissen, worum es eigentlich geht – ein
bisschen sprachlos: „Du wirkst so leicht, so fröhlich
und unbeschwert, wie ich dich noch nie erlebt habe."
Und die Strichliste hinter der Aussage „Es ist total
stimmig" wächst Tag um Tag.

Im Gespräch mit der Kollegin sagt Silke: „Irgendwann, wenn ich dann 50 plus bin, will ich mich aufma-
chen in mein Geschlecht, will ich mich outen." Vorher,
glaubt sie zu diesem Zeitpunkt, geht es nicht. Nicht, solange ihre Mutter noch lebt. Anfang Juli fährt sie nach
Nürnberg zu einer Beratung bei *Pro Familia*. Dort hören
sie sich Silkes Erzählung an, führen sie behutsam mit
Fragen dahin, sich selbst zu reflektieren. Fühlt sie sich
als „falsche Frau" oder im „falschen Körper"? Hat sie
ein Problem mit den gesellschaftlichen Rollenbildern
für Frauen? Silke geht in sich, denkt nach – und bleibt

dabei. Sie hat sich nie wirklich als Frau gefühlt. Nicht die aktuellen Gesellschaftsnormen findet sie problematisch, sondern ihr Dasein im Frauenkörper. Der 50. Geburtstag ist weit weg. Es muss sich was ändern, jetzt.

Silke beginnt nach Namen zu suchen. Sebastian fällt ihr schnell vor die Füße, dazu kann sie sich im Moment aber nicht durchringen, sie traut sich nicht. Also Finn. Sebastian Finn. Sie bittet eine enge Freundin, sie ab sofort so anzureden, als Test. Es fühlt sich gut an. In den Sommerferien reist Sebastian ins Allgäu und übt Schritt für Schritt das Mannsein. Er registriert sich zwar in dem kleinen Hotel noch unter dem ursprünglichen Namen, lebt aber als Sebastian Finn. Mehrmals passiert es, wenn Sebastian mit seiner Scheckkarte an der Kasse bezahlen will, dass er gefragt wird, ob er „aus Versehen die Karte der Frau" eingesteckt hätte. Was viele Frauen kränken würde, bestätigt ihn. Er will als Sebastian Finn nach Hause zurückkehren. Ein erster Alltagstest steht an. Pflichtprogramm für alle transidente Menschen. Ohne Hormone, ohne jede Operation im Zielgeschlecht zu leben. Eine Zumutung. Unvermeidlich. Sebastian findet eine Möglichkeit.

Ein Workshop des Evangelischen Jugendwerks Württemberg in Ludwigshafen wird zum ersten Alltagstest. Als Silke fährt er dort hin, stellt sich aber als transident und mit dem Namen Finn vor. „Scharfes im

Unscharfen" heißt der Kurs für freies künstlerisches Spiel. Sebastian wird dort sofort als „Er" akzeptiert, nicht komisch angeguckt. Die Nervosität bei ihm selbst ist viel größer als bei den anderen Teilnehmer*innen, er muss schließlich für sich im Alltag testen, wie sich dieses Mannsein anfühlt. Das wollen die Gerichte später von ihm wissen, wann und wie oft er das schon ausprobiert hat. Wieder eine dieser vielen Zumutungen, die transidente Menschen in Kauf nehmen müssen. Darüber denkt Sebastian zu diesem Zeitpunkt nicht nach. Dieses Erlebnis in der ersten Septemberwoche fühlt sich so gut an, dass er fast den Weg in sein Leben zurück als Silke nicht gefunden hätte. Es kostet ihn Überwindung.

Warum, das zeigt sich gleich am ersten Schultag. In diesem Schuljahr ist er zum ersten Mal an der Fach- und Berufsoberschule Würzburg eingesetzt. Er läuft die Treppe hinauf, eine Frau fragt ihn, ob er einer der neuen Kollegen hier sei. Sebastian lässt diese Situation unaufgelöst, fühlt sich gut damit. Bis in der großen Konferenzrunde alle Lehrer*innen namentlich vorgestellt werden und ein leichtes Raunen durch den Raum geht, als er sich bei „Silke Wolfrum" kurz erhebt. Er würde am liebsten im Boden versinken, einfach nur weg aus dieser schrecklichen Situation. Die Fragezeichen in den Augen der vielen Kolleg*innen scheinen ihm wie in die Luft gemalt.

Die erste Schulwoche ist für Sebastian voller wichtiger Termine. Er hat ein Erstgespräch bei einer Psychiaterin. Er ist aufgeregt, aber völlig grundlos. Nach nicht einmal zehn Minuten ist für die Expertin klar: Wer, wenn nicht Sebastian, steckt im falschen Körper? Beide besprechen, wie es weitergehen muss, um möglichst schnell mit einer Hormonbehandlung starten zu können. In der gleichen Woche fährt er zur Regionalbischöfin, um sich ihr anzuvertrauen. Er erfährt großes Wohlwollen, auch hier wird er als „sehr gelöst" erlebt. Sie sprechen darüber, wie es für ihn als Pfarrer in der Landeskirche weitergehen kann. Nur, wenn die Gemeinde keine Probleme sieht, kann er bleiben. Ansonsten muss eine andere Stelle gefunden werden. Sebastian ist bereit zu wechseln, wenn es sein muss. Es gibt kein Halten mehr.

Jetzt steht auch der verschobene Auszug aus der Gemeindekirche an. Wieder ist er am Abend vorher lange in der Kirche. Wieder betet er, sucht Halt bei Gott. „Herr, du weißt, wer ich bin. Du weißt, was ich vorhabe. Du hast damals bei der Ordination gesagt, du willst mich. Nun bring mich auch durch diese Tage durch!" Es ist spät am Abend, als er die Kirche verlässt. Gestärkt, wenn auch mit aller Unsicherheit. Sebastian ist sich sicher, als Silke wird er nach der Sanierung dorthin nicht mehr zurückkehren. Entweder als Mann oder gar nicht. Alle sind bei diesem Gottesdienst traurig, aber auch irgendwie in Aufbruchstimmung. Dass das für Sebastian ganz besonders gilt, das bekommt niemand mit. Ob er jemals in diese Kirche zurückkehren kann, ist für ihn zu diesem Zeitpunkt völlig offen. Für seine Gemeinde ist er ja nach wie vor Silke. Sie ahnen nicht, was los ist. Dann entscheidet der Landeskirchenrat, wie es weitergehen soll: Sebastian muss mit der Dienstvorgesetzten in den Kirchenvorstand und dann sagen, was Sache ist – damit der entscheiden kann, ob er diesen Weg mitzugehen versucht oder nicht. Die evangelische Kirche ist basisdemokratisch aufgebaut. In der evangelischen Kirche hat der Kirchenvorstand die Entscheidungsmacht vor Ort. Er wählt die Pfarrinnen und Pfarrer einer Gemeinde.

Sebastian ist nervös. Denn auch seine Dienstvorgesetzte weiß noch von nichts. Das Gespräch verläuft erwartet schwierig, aber sie sagt ihm ihre Unterstützung zu.

Zuvor schreibt er kurz vor seinem Geburtstag Anfang Oktober der Mutter einen Brief und dem Bruder eine E-Mail. Noch vor wenigen Wochen konnte sich Sebastian nicht vorstellen, seiner Mutter ein „Outing" anzutun – seit seinem ersten Wochenende als Mann im Workshop in Ludwigshafen weiß er: Er kann nicht mehr warten. Der Bruder schreibt sofort zurück, gratuliert ihm zu seinem Mut und sagt ihm seine Unterstützung zu. Und auch die Mutter meldet sich, nach einem ersten Moment des Erschreckens. Am Morgen seines Geburtstags klingelt das Telefon: „Hallo Finn, hier ist deine Mutter." Dieser 46. Geburtstag fühlt sich für ihn wie ein erster Geburtstag an. Endlich richtig leben.

Nun zögert das Personalreferat der Landeskirche, ob es nicht vielleicht besser wäre, juristisch erst einmal auf der sicheren Seite zu sein und die Änderung des Personenstandes in der Tasche zu haben? Sebastian stutzt. Um dieses Verfahren erfolgreich zu absolvieren, muss man „out" sein, als Mann leben, am besten drei Jahre. Die Kirche will maximale Rechtssicherheit, das Gericht und die Mediziner*innen, dass man schon weitestgehend geoutet lebt, ehe man den richterlichen Segen dazu bekommt, oder die Hormonersatztherapie beginnen kann. Beides widerspricht sich, die Kirche lenkt schließlich ein, signalisiert umfassende Unterstützung.

Die Kirchenvorstandssitzung steht an. Sebastian stellt sich vor das Gremium und erzählt. „Ich habe in diesem Sommer eine große Entscheidung getroffen. Seit Kindertagen weiß ich, dass ich im falschen Körper stecke. Ich kann so nicht mehr, ich will so nicht mehr. Ich mache mich auf. Ich werde als Mann leben." Betroffenheit macht sich breit. Alle hier wissen, dass ihre Pfarrerin mit psychischen Problemen kämpft, und das seit Jahren. Sebastian selbst ist sich in diesem Moment sehr sicher, dass die Mehrheit des Gremiums hinter ihm steht, dass sie seine Entscheidung persönlich mittragen werden. Haben sie aber auch die Kraft, das in der Gemeinde zu vertreten? Als klar ist, dass die Landeskirche hinter ihm steht, weicht die Unsicherheit – das Gremium steht zu seinem Pfarrer.

Direkt im Anschluss werden an diesem Abend noch etliche Dinge für die anstehende Sanierung besprochen – ganz so, als wäre nichts gewesen. Sebastian offenbart sich in den Tagen darauf einzelnen Bekannten und Freundinnen. Einigen wenigen im Schützenverein, in dem er aktiv ist. Dem katholischen Ortspfarrer. Den Bürgermeistern der politischen Kommunen seiner Gemeinde. Er spannt sich nach und nach ein persönliches Netz auf, das ihn auffangen soll. Am Wochenende fährt er nach Rummelsberg zur Jahrestagung der Gemeindeberater*innen. Dort „übt" er sein Outing, das er nun für den 29. Oktober geplant hat, der nächste Gemeindegottesdienst, den er leiten wird. So ist es, so bin ich, sagt er. Emotional ist er völlig aufgewühlt. Die Gruppe der Gemeindeberater*innen fängt ihn auf, nimmt ihn so an, wie er ist. Eigentlich wollte er Freitagnacht wieder zurück, um an der Gaumeisterschaft der Bogenschützen teilnehmen zu können. Aber die Gemeinschaft in Rummelsberg ist wichtiger. Er verzichtet auf die Gaumeisterschaft, um die Geborgenheit dieser besonderen Gemeinschaft aufzusaugen, sich Kraft zu holen für die nächste Woche.

Am Montag, den 23. Oktober, trifft er sich zusammen mit seiner Vorgesetzten mit einem ausgewählten Pressevertreter. Der Masterplan für das Coming-out wird geschrieben. Zeitgleich mit dem Gottesdienst am Sonntag soll der Journalist seine Geschichte über den Evangelischen Pressedienst in die Welt senden. Die Landeskirche steht mit ihrem Pressereferat im Hintergrund bereit. Sebastian will die Deutungshoheit über seine Entscheidung so lang wie möglich behalten, am nächsten Tag keine halbgaren Geschichten über sein Outing in der Zeitung oder im Internet lesen. Das Gespräch läuft gut, er fühlt sich verstanden.

Doch eine der vermutet heikleren „Missionen" steht ihm noch bevor: die Schützinnen und Schützen seines Vereins vor Ort. Am späten Dienstagabend nach dem Training wartet und wartet er im Schützenhaus. Ausgerechnet heute muss eine Gastmannschaft zu Besuch sein, die nicht gehen will. Also steht Sebastian einfach so auf und ergreift das Wort. Sollen ruhig auch die Gäste hören, was er zu sagen hat. Sebastian erzählt kurz und knapp seine Geschichte und wartet. „Ich habe in diesem Sommer eine große Lebensentscheidung getroffen …" Die wenigen Sekunden bis zu den ersten

Reaktionen kommen ihm wie eine Ewigkeit vor. Jetzt ist es raus. Jetzt wissen alle, weshalb er schon am Wochenende zuvor beim Schützenball die Männeruniform getragen hat. Eine der ältesten sagt: „Steh zu dir!" Der ganze Raum applaudiert.

Dann kommt einer der einflussreicheren Schützen auf ihn zu, völlig unerwartet, klatscht ab und sagt: „Ich stehe zu Dir!" Und dann noch einer, von dem Sebastian es eher nicht erwartet hätte und vor dessen Reaktion er auch ein bisschen Bammel hatte. Und ausgerechnet der nimmt ihn nun in den Arm und sagt: „Du bist einer von uns. Wir stehen zu Dir! Wir geben dir Rückhalt!" Wie wichtig Sebastian diese Rückmeldungen sind – manche ahnen es an diesem Abend. Ein Ehepaar erzählt aus der Familie. „Wir kennen das, mein Neffe ist den Weg gegangen …" Die Sportschützengesellschaft ist eine einflussreiche Kraft in seinem Ort. Wenn im katholischen Altort nach seinem geplanten Outing am Sonntag ein Proteststurm ausbrechen würde – der Schützenverein wäre das, was er im Namen trägt: Sebastians schützende Notfall-Kavallerie.

In der wöchentlichen Dienstbesprechung mit Kollegin und Sekretärin versuchen sie die Tage nach dem Outing zu erahnen. Dass seine Kollegin viel am Telefon und in Gesprächen abfangen wird, ahnt er. Wieviel, wird erst Wochen danach klar.

Die Tage vor dem großen Moment zieht Sebastian sich zurück. Er bereitet sich auf den Gottesdienst am Sonntag vor, geht in sich. Sein Leben, das ihm jahrelang nichts wert war, macht plötzlich einen Sinn. All dieser Zuspruch trägt ihn. Die große Wertschätzung für ihn als Pfarrer und als Mensch war schon vorher da, an sich rangelassen hat er sie jedoch nicht – weil er sich selbst nichts wert war. Das, was in den vergangenen Wochen und Monaten passiert ist, ist für Sebastian wie eine Häutung. Ein Ankommen. Worte sind viel zu klein, um auszudrücken, was er fühlt. Die Zeit seit dem Sommer hat ihn verändert. Als Sebastian Finn ist er im Reinen mit sich.

Am Abend des 28. Oktober, einen Tag vor dem Outing, sitzt er in seinem Reihenhaus bis spät in die Nacht am Schreibtisch. Ein Zurück gibt es jetzt nicht mehr. Am Abend war Sebastian noch in der Kirche. Und wieder hat er gebetet, wie seit der Ordination vor jedem Stellenwechsel, vor den ganz besonderen Gottesdiensten: „Herr, du weißt, wer ich bin, du weißt, auf wen du dich einlässt. Nun steh zu mir, auch jetzt."

Er schreibt Mails an Freund*innen, an die Kolleg*innen. Sie sollen kurz vor dem Gottesdienst erfahren, was los ist. Enge Freund*innen hat er gebeten, morgen auch in den Gottesdienst zu kommen, als mitwissende Unterstützung. Auch die Schützenfamilie wird da sein.

Die Unterstützung in den sozialen Netzwerken steht. Draußen zieht ein Sturm auf, es gewittert. Reinigend. Die Luft ist klar. An Schlaf ist auch um 24 Uhr noch nicht zu denken. Es wird Morgen. Der Sturm verzieht sich. Aus dem Regen scheinen erste Sonnenstrahlen heraus. Als Sebastian zur Kirche geht, ist der Himmel blau. Sonne scheint ihm ins Gesicht. Segen für den Tag und das Leben. 40 Jahre Häutung. Endlich frei.

Sonntagslebentrilogie

I came out on sunday

Stürmische Winde durchtoben die Nacht
reißen bunte Blätter von Ästen
schlagen an Fenster und Türen
durchschneiden sehnsüchtig ersehnten Schlaf

als wollten sie letzte Fesseln sprengen
Hindernisse vom Hofe fegen
Schneisen schlagen
Felsen zerschmeißen
Wege ebnen

buntblau leuchtet der Morgen
vom Sonntagssonnenhimmel
Hier stehe ich, ich kann nicht anders
Gott segnet
Finn im Licht der Welt

I first was born on sunday

Übervoll beladen Altäre und Kirchen
leuchten bunt voller Weizen und Obst
und auch Brot
Danke sagen für ein gutes Jahr
und neun Monate überstanden

mit Sorgen und Zweifeln
schweren Entscheidungen voller Ungewissheit
der erste Tag – Sonntag – Lebenstag
herbstbunt sonnenblau
Herzen voller Dank
und ein Wort
Losung für ein ganzes Leben
Fürchte dich nicht

I found myself on sunday

Glühende Kohlen berühren Lippen
Ein Prophet vor tausenden Jahren
fliehen
zwecklos
verweigern
aussichtslos
gewollt – wider willen
Cheruben thronen umschweben den Herrn
ein Wort nur
Du!
Ein Auftrag
Rede!
Erschrockenes Ich blickt auf
Ich? Wer? Was?
Eine Stimme die keine Zweifel zulässt
Ich kenne dich
vor der Verschmelzung

vor allen Zellen
vor allen Zuschreibungen
vor allem Werden
dein Sein

Widerstand zwecklos
Mauern bröseln dahin
Fesseln lösen sich auf
Schneisen leuchten
aus Felsen ergießt sich Wasser des Lebens
Sonnensonntagshimmel
blau und warm
folge deinem Herzen!
Geh!
Sei!

19.11.2017

Epilog

Eine To-do-Liste für Männer habe ich nicht. Ich lerne mehr und mehr, jeden Tag als Mann zu genießen. Kein Rechten mit der Vergangenheit. Ich weiß, dass ich nichts nachholen kann. Und ich weiß, was ich will: eine Leben ohne Selbstzweifel, ohne Depressionen. Ich hoffe, dass ich meine Straße fröhlich ziehen kann. Ein fröhliches Leben leben kann. Erstmals. Endlich. Ich!

Die Fesseln meines alten Lebens sind abgeworfen.

In den vergangenen Monaten ist mir klargeworden, wie wichtig Vorbilder für uns transidente Menschen auf dem Weg sind. Ich habe selbst viel von ihnen gelernt und gleichzeitig erlebt, wie ich zum Vorbild wurde. „Wenn du das schaffst, mit deinem Beruf, deiner Position, dann macht mir das Mut!" Wie oft habe ich diesen Satz gehört oder gelesen.

Nie war mir mein Leben so viel wert. Nie war es mir bis zum Sommer 2017 überhaupt etwas wert. Für jemanden, der all das nicht erlebt und erfahren hat, mag sich das vollkommen schräg anhören. Für mich aber nicht. Man kann seine Lebensfreude zurückgewinnen. Das ist meine Botschaft an andere.

Ja, ich werde mich einmischen. Dass wir uns auf dem Weg ständig rechtfertigen und erklären müssen, ist unwürdig. Vorgeschriebene Wartezeiten auf Operationen verlängern das Leiden. Ich werde nie verstehen, warum es diese Fristen braucht, wenn man sich seiner Sache sicher ist. Und wer kann das besser beurteilen als ich selbst. Ich stecke in meinem Körper, ich fühle meine Gefühle und denke meine Gedanken. Alle Gutachter auf dem Weg sind darauf angewiesen, meinen Worten zu glauben. Warum dann noch die Wartezeiten? Sechs Monate bis zur Hormonersatztherapie, 18 Monate bis zu den Operationen, die auch noch ihre Zeit brauchen. Bis dahin Leben zwischen den Welten, ständig vom eigenen Spiegelbild auf die Nase gebunden kriegen: Du bist falsch!

Seit meinem Outing sind all die dunklen Wolken in meiner Seele verschwunden. Sie können mich nicht mehr angreifen, sich nicht mehr festhalten an mir. Die Tentakel aus dem Gestern suchen vielleicht noch Halt im Heute. Aber mein gegenwärtiges Leben vertreibt sie. Ich lebe im Hier und Jetzt, frei, unbegrenzt.

Ich habe meinen Weg gefunden, mich aus allen falschen Hautschichten geschält, oftmals unter heftigsten Schmerzen.

„Gehe niemals einen Weg, zu dem du nicht den Mut hast, dir den Segen Gottes zu erbitten." Diesen Satz von Georg Christoph Lichtenberg habe ich im Frühjahr 2017 in einem Buch über Segen gefunden. Er begleitete mich durch die ganze Transition durch. Und ich habe um den Segen gebeten, und ich habe Segen erfahren und bin heil geworden bis auf den Grund der Seele. Bis auf den heutigen Tag. Es fühlt sich manchmal fast so an, als könnte ich fliegen.

Tiefer Friede

gewidmet Susanne Wildfeuer

Schleichend schmeichelt Friede sanftmütig
die Kehle hinunter
Dringt tief hinein
erlöst Mark und Bein
belebt stein gewordenes Herz
zu auferstandenem Leben

wärmend wölbt Friede auskleidend
Wirbelkanäle entlang
richtet Gebeugtes
aufhebt den Blick
befüllt Lungenbläschen um Bläschen
mit Odem aus ewigen Strömen

Moria entkommen
durch Höllen gesegelt
erst in der Rückschau
offenbaren sich Schlünde
mit gefräßig gierender Fratze

Tiefer Friede ankert

sicher im Grund des Lebens
stürme was wolle
durch Tag und Nacht
Leben geborgen
tranquillus in undis

Abgrunddurchdrungen
Tiefgrundgelegt

31.12.17

Weiterführende Quellen

Eine kleine Auswahl. Diese beruht auf meiner persönlichen Erfahrung und erhebt weder Anspruch auf Vollständigkeit noch auf Richtigkeit in allen Details.

Links

www.profamilia.de
> Beratung zu allen Fragen um die sexuelle Identität
> Beratung von Mädchen und Jungen, Männern und
> Frauen, die von sexueller Gewalt betroffen sind

http://transmann.de/
> Für Menschen, die sich mit ihrem Geschlechtseintrag „weiblich" nicht ausreichend oder falsch beschrieben fühlen, sowie für ihre Freunde und Angehörige

https://www.dgti.org/
> Deutsche Gesellschaft für Transsexualität und Intersexualität e.V.

www.quikt.de
> Queer in Kirche und Theologie. Seelsorge für Menschen in der Transition

Für Kinder, Jugendliche und die Eltern

https://www.trans-kinder-netz.de
> 2012 begann TRAKINE als Elterninitiative, um anderen Eltern von trans*Kindern und trans*Jugendlichen samt deren Angehörigen – natürlich auch den Kindern und Jugendlichen – Mut zu machen und vor allem mit Informationen und Rat zur Seite zu stehen. „Wir sind ein internationaler Verein von Eltern

und Familienangehörigen von minderjährigen trans*Kindern. Unseren Kindern ein glückliches Leben frei von Stigmatisierung und Ausgrenzung zu ermöglichen und ihnen das Gefühl zu geben, geliebt und unendlich wertvoll zu sein, ist unser Anliegen."

Für Betroffene von sexueller Gewalt, für Menschen in Lebenskrisen

www.wildwasser.de

Wildwasser.de wird bereitgestellt von Wildwasser Kreis Groß-Gerau e.V. und wendet sich an Kinder, Jugendliche und Erwachsene, die von sexuellem Missbrauch betroffen sind. Ebenso können sich Freunde und Angehörige von Betroffenen, Fachpersonal und ehrenamtlich Tätige Rat und Hilfe holen.

An vielen Orten in Deutschland gibt es konkrete Beratungsstellen.

www.diakonie.de

Die Beratungsstellen der Diakonie sind als erste Ansprechpartnerinnen für Menschen in Not da. Suchen Sie unter Diakonie und KASA (Kirchliche allgemeine Sozialarbeit) vor Ort nach der für Sie am besten zu erreichenden Stelle. Das Pfarramt der Kirchengemeinde vor Ort kann Ihnen mit Sicherheit die nächste Beratungsstelle nennen.

Kirchliche Arbeitshilfen und Links zu Transsexualität und Kirche

Zum Bilde Gottes geschaffen – Transsexualität in der Kirche, herausgegeben von der Evangelischen Kirche in Hessen und Nassau

https://unsere.ekhn.de/fileadmin/content/ekhn.de/download/publikationen_broschueren/Transsexualitaet_Handreichung_EKHN_2018_web.pdf

Reformation für alle. Transidentität/Transsexualität und Kirche
https://www.dgti.org/download-archiv/send/2-public/27-reformation-fuer-alle-transidentitaet-transsexualitaet-und-kirche.html

Für Fragen rund um lesbisch, schwul, bi, trans, inter, * in der evangelischen Kirche gibt es das kreuz&queer-Portal von evangelisch.de
https://www.evangelisch.de/kreuzundqueer

Literatur

Martin Licht: TM-Brevier. Das Handbuch für Transmänner. Hamburg, tredition GmbH 2012. (Anm: Umfassende Link- und Literatursammlung am Ende des Buches)

Mark Solms, Oliver Turnbull: Das Gehirn und die innere Welt. Neurowissenschaft und Psychoanalyse. 4. Aufl., Mannheim, Walter 2010.

Gerhard Schreiber (Hrsg.): Transsexualität in Theologie und Neurowissenschaften. Ergebnisse, Kontroversen, Perspektiven. Berlin, De Gruyter 2016

Francine Shapiro: Frei werden von der Vergangenheit. Trauma-Selbsthilfe nach der EMDR-Methode. München, Kösel 2013